カリスマ個人投資家
JACK著

㊑カンニング投資術

ダイヤモンド社

はじめに

「カンニング投資」とは、ラクして儲ける究極の投資法！

この本は株式投資でラクして大儲けを狙うための本です。

しかし、株式投資のノウハウ本としては異例ですが、「ＰＥＲ」とか「株主資本」とか「ゴールデンクロス」といった勉強や分析は一切不要な本です。

そうです。この本は自分で勉強したりせずに、カンニングでいい成績を取る、つまりカンニングで大儲けする方法を紹介する本なのです。

「カンニング」は、イメージのよい言葉とは言えません。テストで人の答案を盗み見たり、試験会場に要点をまとめたメモをこっそり持ち込んだり……要するに不正行為ですね。

でも、株式投資の世界では「カンニング」は不正ではありませんのでご安心を。念のために言っておきますが、「インサイダー取引」や「風説の流布」といった株式投資でよく聞く違法行為とはまったく関係ありません。**100%合法**です。

この本で紹介する「カンニング投資」とは、株式投資で儲けている人の投資手法はもちろん、実際に買っている銘柄や売り買いのタイミングまでを見て、それをそっくり真似して儲けようということです。

「盗み見」と一緒かもしれませんが、ネットの情報は公開されているものですから不正ではないのです。

想像してみてください。試験では必死に勉強するよりも、成績が学年でトップレベルの生徒の答案を見たほうが、楽な上に点数が高いものです。試験では盗み見は違反ですが、繰り返しますが、株式投資の世界では公の情報なら何ら問題ではないのです。

また、カンニングではありませんが漢字テスト中に教室を見渡したら、掲示物に問題の漢字が書かれていたようなことがあります。それを見て解答を書いても不正にはなりません。テスト中に「避難」という漢字が思い出せなかったのに、横を見たら扉に「避難口」と書いてあり、それを見て解答したという笑い話を聞きました。褒められたものではありませんが、**制度の隙や限界を突いた合法的な手法**です。

実は株式投資の世界でも、そういった「えっ、そんな美味しい手法があったの！」と声をあげたくなる裏ワザが存在します。**もちろん紹介する裏ワザは、すべて合法なので安心してチャレンジしてみてください。**

現役サラリーマンが2億円儲けたカンニング先とは？

- 必死に勉強や分析をしているけど、ぜんぜん儲からない
- 忙しくて、投資の勉強や、市場や企業の分析をする時間がない
- 情報が多すぎて、どれを信じればいいのかわからない
- 裏ワザがあると聞くけど、自分はやり方を知らない
- ＩＰＯ（新規公開株）が、ぜんぜん当選しない

こんな悩みや不満を抱かれている投資家は多いと思います。

こんな悩みを一気に解決できるのがカンニング投資術なのです。そして、現に私が実践していて、現役サラリーマンを続けながら株式投資だけで2億円以上の利益をあげました。私は今でも現役サラリーマンですが、株式投資で月に平均100万円を稼いでいます。バブルに乗じて一瞬だけ株で大儲けできた人はたくさんいます。大暴騰した銘柄を当てて、1銘柄だけで資産を数倍にした投資家も多いでしょう。でも、私は**20年以上にわたり、さまざまな銘柄に投資して稼ぎ続けてきました**。これもカンニング投資を確立したからできたことです。

本書はその私のノウハウ、つまりカンニング方法を公開したものです。

株式投資の世界でのカンニング先は、儲けている個人投資家が開設しているブログや、ツイッターのつぶやき、ネットの掲示板、株式投資で成績を出しているメールマガジンなどです。その他にも、私が実践していて、知っている人だけが得をするような「ニッチな投資手法」も紹介していきます。

株は勉強や研究をすれば儲かるものではない！

それにしても、なぜ「カンニング投資」なのか、と思われる人もいるでしょう。真っ当に株式投資の勉強をして、会社や経済を分析して自分で銘柄を選んで、それで儲ければいいじゃないかと。もちろん、それを否定するつもりは一切ありません。ただ、一生懸命投資の勉強をして知識を蓄えても、儲かるとは限らないから問題なのです。

そもそも証券アナリストやファンドマネジャーなど株の「プロ」だって、百発百中ではありません。

学校の勉強なら、「結果を残せなくても、努力したことを評価します」と言ってもらえるかもしれませんが、投資は実際の取引で結果を出せなければ意味がありません。

実は、私も若い頃は税理士を目指し会計学や経済学を必死に勉強していたので、決算書を分析したり、マーケットを分析したりする知識量については自信を持っていました。

ですが、株式投資の経験を積めば積むほど、この世界はセンスやテクニックのようなものも大事で、単に勉強や研究をすれば儲けられるものではないことを痛感したのです。

時間をかけて勉強しても結果に結びつかない……。だったら、自分で勉強するより成績がトップクラスの人＝大儲けしている人の真似、つまりカンニングをしてしまおう、という発想なのです。

「真似」をしているうちに、投資スキルも上達していく

私はＩＰＯ投資に力を入れています。どうやってＩＰＯの当選確率を上げて、うまく儲けられるようになったかというと、もちろん自分でも勉強はしましたが、もっと前からＩＰＯをやっていた詳しい人に教えてもらったり、インターネットから情報を得たりということが大変役に立ちました。

そして、人の真似をしながら、自分でも知識をつけていって、そのうち自分なりのやり方、つまり「これがいちばんうまくいく」というものを見つけられるようになりました。

この本で紹介する「カンニング投資」も、同じようなところを目指せると考えています。

人の真似をして儲けながら、実践的な銘柄選びや銘柄分析の知識を少しずつ身につけていく。「門前の小僧」ではありませんが、「これ」と思ったカンニング先の投資ブロガーの手法をずっと見ていれば、自分でも少しずつ投資スキルが上達して、いつの間にかカンニングされる側になっているかもしれません。

ただ、そこを目指さないでずっとカンニングする側でも問題はありません。常に、上手なカンニング先を見つけて、どんどん乗り換えていく。結果さえ出せれば、株式投資は「勝ち」だからです。

情報を集めるだけでなく、銘柄選びもそのまま乗っかろう!

かなり年配でパソコンもスマホも持っていないという人は別として、今どきのほとんどの人は程度の差こそあれ、株の売買をする前に「ネットでの情報収集」はしているのではないでしょうか。

そもそもネット証券で取引していれば、その銘柄に関するニュースや売買高、チャートなどは見ようとしなくても目に入るものです。

そういう人たちにとっては、この本がおすすめする「ネットの情報を使って儲けよう」という考え方は、一見すると「何を今さら」感があるかもしれません。「ネットで株の情報収集なんて、普段からやってるよ」というわけです。

ただし、私がこの本で伝えたいことは、単なるネットでの情報収集に留まりません。

もちろん、株の情報収集にネットは必須です。特に、ツイッターなどのSNSや掲示板なら、あの企業の決算はどうだった、この企業のIPOはどうする、株主優待の新設キター！　とか、どんな情報でもまるで光の速さのようなスピードで上がってきますから、利用しないという選択肢はありません。

とは言え、情報を大量に集めても、それだけではすぐに株は売買できません。集めた情報を検証して、よい情報だけを取捨選択する必要が出てくるからです。そうなると、結局は手間も時間もかかってしまい、しかも手間ヒマかけても当たるとは限りません。

そこで、情報を集めるだけでなく、「結局どの銘柄を買うの?」という銘柄選びの最終段階まで丸ごと人に乗っかってしまおうというのがこの本です。銘柄選びまで人の情報に乗っかる、つまり「カンニング」できれば、情報の取捨選択や銘柄分析は不要。ただただ、人が選んだ銘柄を売買すればよいので、本当に手間いらずで済みます。「ネットで情報を集める」ことと、「人の情報に乗っかって取引する」ことは、まったく違うことなのです。

「億り人」が続出！　儲けている個人投資家の情報は侮れない

この本がおすすめする「カンニング先」は、個人投資家のツイッターやブログ、メールマガジンなどが中心になります。皆さんの中には、「個人投資家の情報に乗っかる」ことにやや抵抗のある人もいるのではないでしょうか。「個人がツイッターに書いている取引の話なんて信頼できるか！」というところかもしれません。

実際、「ツイッターやブログの株式情報は信頼できない」といったスタンスの株式アナリストを見かけることもあります。個人投資家は発言の責任を問われないので、確認もせずに適当なことを書いている可能性があるというのがその理由のようです。

確かに、いいかげんなことや明らかに間違ったことを書いている個人投資家のブロガーもいないわけではありません。しかし、一方では株式投資で実際に「億」単位の資産を作っている個人投資家がたくさん存在しています。いわゆる「億《おく》り人《びと》」です。

彼らは、自らの資金でリスクを取って株の取引を行い、実際に結果を出しています。適当な取引をしているだけでは、「億」単位の資産は作れません。ある意味、身銭を切って取引をしているわけではない「プロ」の方たちの情報よりも、よほど信頼できると言えるかもしれません。

株式関連のブログやツイートには、そんな「億り人」が多く参加して、情報を発信しています。実際に儲けている人の情報ですから、「カンニング先」としては願ってもない存在です。そして、そうした人たちの多くは、本当に関心を持っている銘柄や自分が取引している銘柄について率直に語っています。まあ、「ポジショントーク」も多少はあるかもしれませんが、「億り人」のような人になればなるほど、雑誌やネットでの取材なども増えてくるので、いい加減なことは書かなくなるというのが私の印象です。

「玉石混淆」ではありますが、きちんと選べば個人投資家の情報は侮れないのです。

でも、株式投資に関する情報は洪水のごとくあふれています。単なる願望を事実として書いて買いを煽るブロガーや、仕手集団などが高値で売りつけようとニセ情報を流すこともあります。このように玉と石が混じり合う（むしろ「石」の情報が大半を占める）中で「玉」の情報はどうやって手に入れればいいのかわからないと思います。

でもご安心ください。本書は私が長年、成功と失敗を繰り返しつつ蓄え、厳選した「玉」の情報源を公開しています。いわば信頼できるカンニング先です。

実はカンニング投資の先にあるのは、自らも情報発信者となり、オフ会などにおける投資家仲間との交流による生の情報交換です。私が紹介するカンニング先は、単に有名なだけではなく、実際に対面でお会いして情報交換を通じて信頼関係を築いた人が基本で、その能力も人柄も信用できる方々ばかりです。

投資の勉強をしてきたけれど儲からない、情報がありすぎてどれを信じればいいのかわからない、美味しい手口を知らない……これは投資初心者だった頃の私が抱えていた悩みです。本書が同じような悩みを抱えている読者のお役に立つことを願っています。

これはずるい！　**株カンニング投資術**

目次

はじめに

PART 1

カンニング編

自分で勉強・研究するより、勝ち組投資家に乗れ！

ツイッター＆ブログ編

メルマガ編

「今買って儲かる銘柄」を理由と共に教えてくれる有料メルマガは使える！

PART 2

ずるいワザ編
知っている人だけがトクする "八百長"の世界が株にはある！

PART 3

小銭稼ぎ編
株の世界はチリだらけ。拾って集めれば大金になる!

＊本書は２０１８年10月時点で著者が知りうる情報を基に作成しております。投資に関しては自己責任においてなさってください。本書および本書に登場する情報元を利用してのいかなる損害等について著者、出版社、製作協力者は一切の責任を負いません。また投資や取引に関する質問や相談は、取引先の金融機関や当該の企業等へ問い合わせてください。

PART 1
カンニング編

自分で勉強・研究するより、
勝ち組投資家に乗れ！

ツイッター＆ブログ編

企業研究不要！ ツイッターで盛り上がっている銘柄をカンニングして儲けよう！

個人投資家のツイッターやブログ、そしてヤフー・ファイナンス掲示板（株式掲示板ｔｅｘｔｒｅａｍ）に代表される株式投資の掲示板は、「カンニング投資」にぴったりの情報源です。

ツイッターも掲示板も、情報量が多くスピード感があるのがまずいいところです。多くの個人投資家が、さまざまな銘柄に注目して情報を書き込んでいます。また、どこかの企業が決算を発表したら、わざわざ東証のサイトや企業サイトのＩＲページに適時開示情報を見に行かなくても、決算がよかったのか悪かったのかを重要な数字だけピンポイントで挙げているつぶやきや書き込みを、すぐに見つけることができます。

しかも、決算の数字を分析したり、来期の材料を挙げてくれる人、中期経営計画の進捗を持ち出す人……親切な人がいっぱいいるので、本当に多くの有益な情報が得られます。

また、読者の大半の方と同様、私もサラリーマンです。兼業投資家は、平日の日中に株式投資に時間を割くことはなかなかできません。でも、ツイッターなら一つひとつの情報が短いので、通勤電車の中や会社の昼休み、外回りのときなどに、気になる情報を簡単にチェックできるのも便利です。

人それぞれだとは思いますが、個人的には平日もマーケットの状況確認とか、地合い（相場の状態）が強いのか弱いのか、突発的なことが起きていないか、そして自分のポジションがどうなってるのかくらいは見ておきたいと思っています。

それにもツイッターがぴったりです。極端な例ですが、NY市場が下がったときは、みんな「おはギャー」とつぶやきますからね。それを見るだけで、「ああ、今日は日本市場も下げて始まるかな」くらいのことはわかります。

そして、いちばん大事なポイントは、ツイッターに代表されるネットの世界には、自ずからが注目する銘柄やその理由、実際に取引しているかどうかなどを、細かく書いている個人投資家が大勢いることです。その中から、信頼できる人＝カンニング先を見つけて、その人が挙げる銘柄を同じようにコピートレードしていけば、今までの経験から、そんなに大きくやられることはないんじゃないかと感じています。

「個人のツイッターやブログの情報なんて怪しい」という人もいるかもしれませんが、私が参考にしている人たちはみんな真面目できちんとしています。たとえば、おすすめのツイッターアカウントとして紹介しているまつのすけさんや夕凪《ゆうなぎ》さん、また本書のインタビューに登場してくれたv-com2さん（ツイッターアカウントはなくブログのみ）なども、実績があって現在も株式投資でしっかり結果を出している人ばかりです。

ネットの世界には怪しい人もいないわけではありませんが、複数の情報を見比べれば「この人の言っていることはダメ」とわかってくるはずです。

では、ツイッターの情報でどんな風にカンニング投資できるのか。最近、私が儲けた例を2つ紹介しましょう。

実例 ツイッターで半日で4万円も儲けたジャストプランニング（4287）

2018年3月後半頃から、ツイッターで**ジャストプランニング（4287）**を「勝負銘柄」に挙げている人が何人もいて、気になったので株価を見たら、確かにどんどん上がっているところでした。

それで私もツイッターで、「ジャストプランニング上がってるのは材料があるのでしょうか」と何気なく聞いたら、「ジャストプランニングは、外食産業で使える画期的な注文システム（Ｐｕｔｍｅｎｕ）がすごいんですよ」と教えてくれた人がいて、今後どんどん導入されるのではないかということで、そこからずっと値動きを追っていました。

ただ、５月１日からは逆にどんどん下がり、「あれ？　どうしたんだろう。みんなはジャストプランニングどうするのかな?」とツイッターであちこち見て回ったら、ある人が「時価総額１２０億円なので割安の極み」とつぶやいていたんですね。そのつぶやきを見たのが昼休みで、「確かにそうだな。ここでの投資行動は買いだな」と後場で買い増したら、そこから一気に株価を戻しました。

それで、買い増し分は翌日には売却して、わずか３００株で４万５０００円ほどの利益を確定しました。

うまくいったのは、もともと買っていた銘柄ですぐ判断できたからというのはありますが、あのつぶやきを見ていなければ、買い増しの判断はできなかったかもしれません。

その後も株価は３０００円、４０００円と次々に突破していき、７月に入るとさらに５

図 ツイッター情報で儲けが出たジャストプランニング(4287)

● 2018年3～8月のチャート(7月末の1：3の株式分割修正済み)

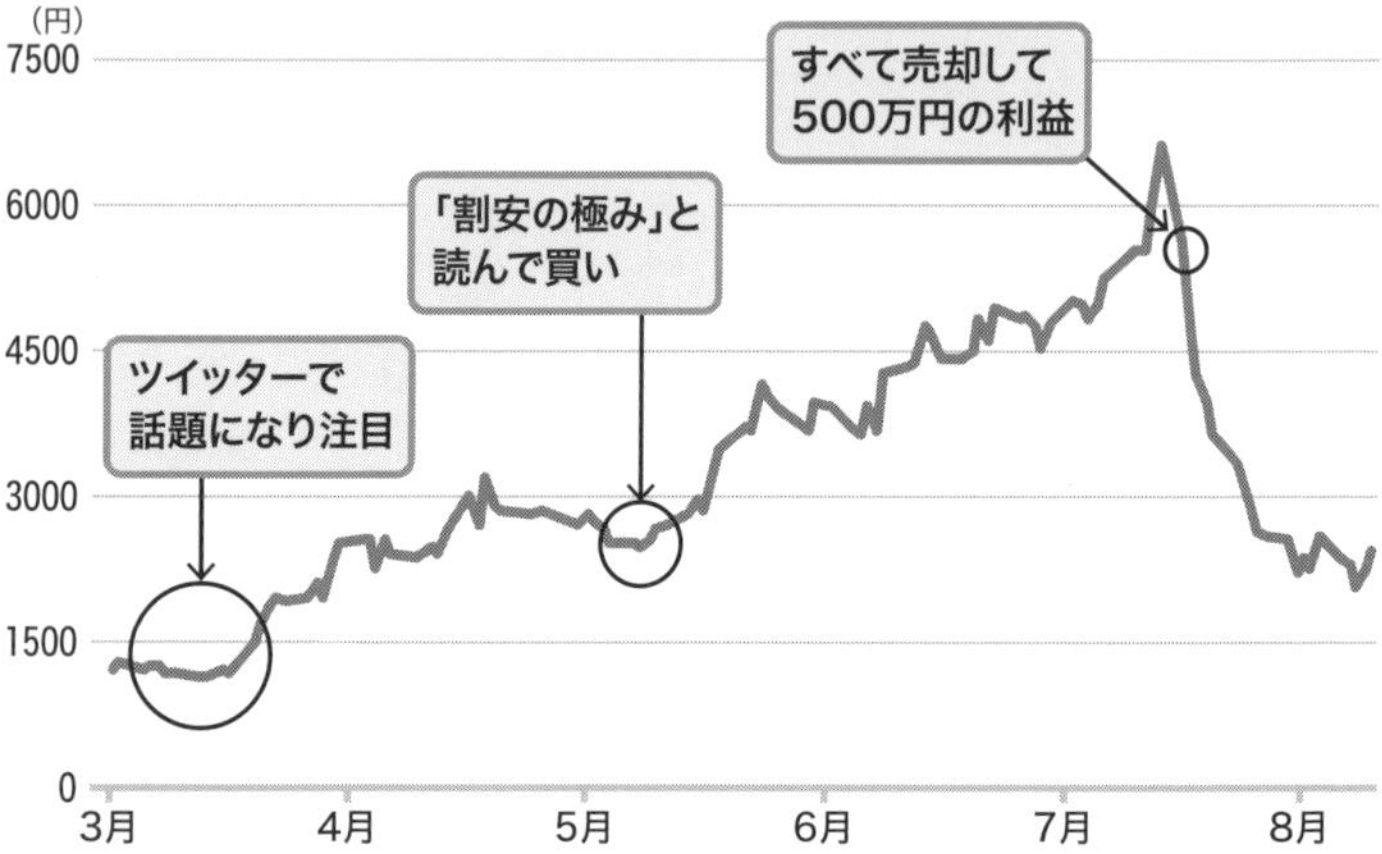

半日で儲けたのは5月1～2日の取引。その後も一部保有していたので、
トータルでは500万円近い利益が出た。

● 参考にしたツイートと実際の取引画面

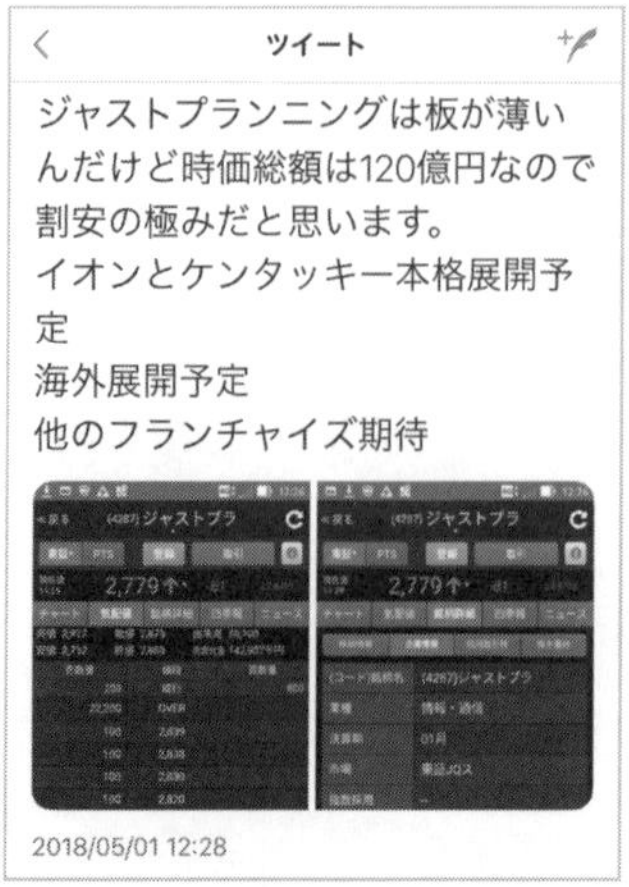

保有株 | 信用建玉 | 注文履歴 | 約定履歴

絞込：本日
件数：3件
絞込

銘柄	取引 売/買	約定数量 約定単価	約定金額 受渡金額	口 信用
ｼﾞｬｽﾄﾌﾟﾗ [4287]東証	信用返済 売	100 2,927	292,700 15,674	特 制
ｼﾞｬｽﾄﾌﾟﾗ [4287]東証	信用返済 売	100 2,922	292,200 15,172	特 制
ｼﾞｬｽﾄﾌﾟﾗ [4287]東証	信用返済 売	100 2,921	292,100 14,071	特 制

左は18年5月1日の昼休みに見たつぶやきで、右は2日に売却した際の約定画面。

000円、6000円を突破。最高値は6870円まで付けました。私自身は7月末ですべて売却し、トータルではなんと500万円近く稼ぐことができました。

前述の画期的な注文システムの導入が決まるたびに株価は上昇し、半年で株価は約7倍と大幅に上昇したわけです。しかし、7月末に1対3の株式分割をした後は株価が下がり続け、さらに社長の不正資金使用（FXの損失補填）などが発覚して暴落。下がり続ける間、私は多少買い向かいましたが、暴落したため損失を被りました。これについては致し方なかったかなと思っています。

実例 公募増資の中止で1日3万円を儲けられた歯愛メディカル（3540）

続いては、ツイッターのつぶやきを見たおかげで、その日のうちに約3万円の儲けが出た例を挙げましょう。

歯科製品を扱う**歯愛メディカル（3540）**は、18年10月頭に公募増資の実施を発表しました。公募増資が発表されると、通常、1株の価値が薄まる「希薄化懸念」で株価は下がります。この銘柄も1000円以上も下がったんですね。ところが、12日になって地合いが悪いからという理由で公募増資が中止になりました。で、公募が中止になると、希薄化懸念がなくなるため、今度は当然のようにリバウンドで上がるわけです。

ただ、上がりはするんですが、カラ売りの買い戻しなどで一斉に買ってくるため、付いた価格が「天井」で、そこからはまた下がることになります。……少し難しいでしょうか？この実例は中級者以上向けかもしれません、難しいと思った方はスルーしていただいて大丈夫です。

とにかく、私は下がるのを予測して、信用売りをすることにしました。ただ、制度信用では売禁（信用売りが一時的にできなくなること）になっていて、カラ売りができません。そんなとき、普段からツイートをチェックしているある有名トレーダーが、「歯愛メディカル、松井の一日信用で売れました」とつぶやいていて、「あ、松井証券の一日信用取引なら売れるんだ」と気づいて、すぐに私も真似をして松井で信用売りをしました。

補足すると、制度信用取引で空売りが禁止されているときも、松井証券や楽天証券などの日計り取引（返済期限が当日中の信用取引）を使えば信用売りが出来ることがあります。

5400円くらいで売って5200円くらいで買い戻して、1日で約3万円の利益を確定できました。

この有名トレーダーの方は、ツイッターのアカウントに鍵をかけているので、ここでお名前を紹介できないのが残念ですが、この人のつぶやきを見ていなければこの日の3万円は取れなかったかもしれないので、私としてはたいへんありがたかったです。

キーワードで検索してツイッター情報を集めよう！

ツイッターの情報を活用するには、まず気になる銘柄名やキーワードでツイッターで検索するクセをつけましょう。うまく見つからないときには、もちろんグーグルなどでウェブ検索も併用してください。検索する際の基本的なキーワードをいくつか紹介します。

ツイッター検索キーワードのヒント❶「（個別の銘柄名）」

銘柄名で検索して直近のツイートが数多く見つかれば、今まさに盛り上がっている銘柄だということがわかります。すぐ買うかどうかは別としても、その銘柄を追っかけてみたほうがいいかもしれません。あまりつぶやいている人がいなければ、今は買う時期ではないという判断もできます。

また、複数のつぶやきを見ることで、いろいろな情報も集められます。たとえば、18年3月、6月と株価が急上昇した**メドピア（6095）**は、相場が盛り上がっているときのツイッターでは「買い集め中」「まだまだ売りません」といったその人の投資スタンスのほか、「オンライン診療ならメドピア以外に〇〇もある」「スギ薬局との提携で〇〇」など、それまで知らなかったことに気づけることもあります。自分はファンダメンタルで買おうと思っていたけれど、「テクニカル的に見るとこうなっているから買い」とつぶやいている人がいて、テクニカルでも買えるのかといったことも参考になります。銘柄検索は「カンニング投資」の基本にして王道です。

実例 優待導入後も地味な値動きのプロパティエージェント（3464）に乗る！

これは、ツイッターのつぶやきではなく、専業トレーダーの夕凪さん（45ページ参照）と実際に会って話をしたときに聞いた銘柄です。まあ、カンニング投資に含めていいと思うので紹介しましょう。

ある懇親会で夕凪さんから、17年に株主優待を新設した**プロパティエージェント（3464）**という会社があるけれど、意外に知られていなくて株価が低い、という情報を教えてもらいました。優待に詳しい夕凪さんがそう言うなら、乗ってみようと思ったわけです。

18年4月にまず1300円台で2単元を買ってみましたが、そこから株価が1200円台まで下がってしまいました。ただ、配当と株主優待を合わせると利回りが3・5％近くあることから、家族にも購入を勧めてナンピン買いをすればいいかなという考え方で臨んだところ、幸いなことに5月には150円ほど上昇。その時点で一度利益確定をして、6月には一気に1000株購入、10日足らずの保有で10万円ほどの利益が得られました。

なお、その後はスルガ銀行やTATERUの不動産取引に絡む不正が発覚し、不動産関連のプロパティエージェントも影響を受け、軟調な株価推移となりました。ただ、さらに下落して、配当＋株主優待利回りが4％を超えてくるようであれば、ツイッターなどで情報収集をした上で、再び打診買いから入ってみたい銘柄でもあります。

ツイッター検索キーワードのヒント❷ 「優待新設」

株主優待の新設は、東証の適時開示情報などを見れば確認できますが、ツイッターで検索するのが早くてオススメです。適時開示情報はＰＤＦファイルを開かないと詳細な内容がわかりませんが、ツイッターなら見るだけで内容を把握できます。

株主優待関連では、「優待新設」以外にも［「優待」＋「拡充」］や［「優待」＋「改悪」］といったキーワードで検索するのも役立ちます。

優待新設は、常にチェックしている人が多いので、検索すればすぐ最新情報が得られるのがいいところです。場中に新設のリリースを出す企業もあって、**そういうときには誰かが絶対につぶやいています。** 少なくとも毎日昼休みには、「優待新設」で一度検索することを日課にしましょう。みんなにニュースが知れ渡る前に買えれば、保有を継続するにしろ早めに利益を確定するにしろ、**うまくいくケースが多い**ですよ。

私自身、お昼休みに優待新設のつぶやきを見て、後場でパッと買っちゃうこともありますし、帰宅途中で新設がわかればＳＢＩ証券の夜間取引（ＰＴＳ取引のナイトタイムセッション）で買うこともあります。ＰＴＳ取引は板が薄いので高値つかみになることもあり、普段は利益確定に使うことのほうが多いですが、優待新設だと「買い」もアリです。

ただし、常に「優待新設」なら買うかというと、優待内容や新設した企業に関してつぶやきの内容を見て気になる点があれば、即買いではなく自分でもうちょっと調べたほうがよいでしょう。

とにかく、株主優待の新設は、それほど複雑な話ではないので、投資初心者でも割と真似しやすい方法ではないでしょうか。株主優待銘柄で儲けた私の例を紹介します。

実例 高利回りの新設優待・エリアクエスト(8912)で5万円超の利益確定!

エリアクエスト(8912)は、18年3月5日に株主優待を新設。ツイッターで優待新設を知ったときの株価は200円台後半でした。100株なら投資金額2万円台後半で2000円分の株主優待券がもらえて、優待利回りは7〜8%に。配当も付くので、これは上がるんじゃないかと、1000株ほど仕込みました。

ただ、予想に反してなかなか株価は上がりませんでした。それでまたツイッターを検索したら、「なんで上がらないんだ」というつぶやきがあったり、下がった日には「下がったから買っておこう」と下値で買い増ししている人もいたり、やはりみんな注目していることがわかりました。「優待目的ですが、安いしＮＩＳＡで持ってます」というつぶやきもあって、**私にはNISAで買う発想がなかったので、なるほどと思いました。**

そうしたつぶやきを見て、私も「自分の考えは間違ってない」と確認して、そのまま保有を継続。私自身は「恐らく300円は超えてくるだろう」と予測していましたが、その狙いどおり、6月には優待狙いの買いも見られて株価は300円を超えてきました。

その後、十分に利益が乗っていたので半分は6月に売却。5万円の利益でした。ただ、権利落ちもそれほど影響はないと思い、配当優待利回りも高かったこともあって、残り半分は長年にわたってホールドしようと考えていました。

ところが、何を思ったか、この会社はたった1回実施しただけで株主優待を廃止してしまいました。一応、増配との抱き合わせでしたが、配当と株主優待を合わせたトータルの利回りが10%近くも下がることから、ロスカットせざるを得ませんでした。

もう1つの印象的な事例としては、**カナミックネットワーク（3939）**があります。18年7月18日の朝9時に優待新設をリリース。抽選で10名に20万円分の旅行券という内容ながら、始値2000円が高値2135円と6・7%上昇しました。「抽選」という不確実な優待なのに、7%弱も株価を押し上げるのだから、優待新設の威力は見逃せません。

ツイッター検索キーワードのヒント❸「高配当」「高配当株」

配当金重視で、配当利回りの高い銘柄を探しているという個人投資家も少なくありません。高配当銘柄は、証券会社などのスクリーニング機能で絞り込めばいいと思うかもしれません。確かに、「配当利回り4%超」などの条件を入れてスクリーニングすれば、銘柄はずらーっと出てきます。ただ、その中で今買うのによさそうな銘柄はどれか、といったことはスクリーニングだけではわかりません。

だったら、「高配当」や「高配当株」でツイッターを検索して、見つかったつぶやきの中から信頼できそうなものをチョイスし、次はそこにある銘柄名で検索して、さらに情報を収集してみたほうがいいんじゃないかと私は思います。

ツイッター検索キーワードのヒント❹「(銘柄名)」+「関連銘柄」

18年上半期は、**メルカリ(4385)**のIPOが話題になりましたが、大型上場のときにはその銘柄の関連銘柄も大いに盛り上がります。メルカリの場合は、三井物産や伊藤忠商事も名前が上がりましたが、いちばんの関連銘柄と言われたのが、ネット広告会社でメルカリの前身企業に出資した**ユナイテッド（2497）**です。

ＩＰＯは当たらないと買えませんが、関連銘柄なら誰でも買うことができ、上場が近づいてくるにつれて株価が上昇して利益を得られる可能性があります。ただ、自分で資本関係や親子関係を調べたり、株主構成を確認したりして、関連銘柄をイチから探すのは面倒です。でも、ツイッター（あるいは普通にグーグルでも）で「「メルカリ」＋「関連銘柄」」のキーワードで検索すれば、この手のことは調べている人が多いので、すぐに関連銘柄がバンバン見つかります。

ここではメルカリを例に取りましたが、別にＩＰＯじゃなくても関連銘柄を探したいときは、この方法を使えばＯＫです。

ちなみに、メルカリは当初17年に上場予定でしたが結局は延期になり、それまでメルカリ関連銘柄として上昇していたユナイテッドは、ストップ安をつけるほど急落しました。そこからまた「メルカリは今度こそ上場するだろう」ということでユナイテッドも上がっていきましたが、メルカリの上場がほぼ正式に決まったときには、すでに織り込み済みで逆に株価は下落しました。関連銘柄を探すだけではなく、どのタイミングで買うのかもけっこう重要だということですね。

「仕手株」こそ、ツイッターや掲示板の情報が役立つ！

仕手株の値動きを自分で予測するのは難しいものです。仕手株で上がっている場合、企業の開示情報など公式のニュースを見ていても有益な情報は取れません。

そこで、ツイッターの出番です。まず、これは仕手っぽい値動きだと思ったら、「銘柄名」＋「仕手」で検索をかけてみる。仕手株らしいとわかったところで、改めて銘柄名で検索して、他の人がどのような投資行動を取ろうとしているのかを探ります。

仕手株に乗って短期で稼ぐのはアリだと思いますが、必ず「飛び乗り」「飛び降り」のつもりで。ただし、降りるタイミングは自分で判断しましょう（人が売ったというつぶやきを見てからでは、圧倒的に遅いです）。

いつ降りるかのヒントとしては、「投稿数が増えてきた」「買い煽りが増えてきた」など、とにかく盛り上がっている間に売り抜けないと危険です。

また、あえて仕手株に参戦しようというのなら、ストレートに「仕手株」で検索してみましょう。銘柄名を含んだツイートが見つかります。そこから、また銘柄名で検索して、乗るべきかやめておくべきかなど判断してください。

見ている人が多く、情報が早い「ヤフー・ファイナンス掲示板」も併用しよう

ブログが登場した頃の、昔の話ですが、自分のブログのアクセス数がもう少し伸びないかなと思っていたら、友だちがヤフー・ファイナンス掲示板に「ここのＩＰＯ情報は参考になりますよ」と書いてくれました。そうしたら、アクセス数が一気に増えたので、やはりヤフー・ファイナンス掲示板の影響力はすごいと思いました。

このように、ヤフー・ファイナンスの掲示板は見ている人・使っている人が多く、そのため情報もたくさん集まってきます。買い煽りや売り煽りも多いし、明らかにウソを書いている人もいなくはないですが、ツイッターやブログと併せてカンニング投資の「参考書」としては活用する意味はあると思います。

決算情報の分析なども、すごい速さで投稿する人がいます。15時過ぎに適時開示情報が出たら、15時10分くらいに掲示板に「今回の決算は……」と分析して解説までしてくれている人がいるんです。しかも、「減益だけどこれは悪材料じゃない」とか「これで材料出尽くしだから、ここからは買えない」とか、参考になる発言も多い。その日のＰＴＳ取引や翌日の取引に使える情報が豊富です。決算情報を見るため、夕方にわざわざ東証や会社

のホームページを見て、決算短信を確認したりしていた時代が懐かしいです。

ツイッター検索と同様に、気になる銘柄があれば掲示板でも検索しておくのがよいでしょう。私は、これまで知らなかった銘柄は、必ず掲示板でもチェックしています。

決算が近ければ「もうすぐ決算だけど気になるのは……」という書き込みがあったり、「進捗率は○%くらいだから……」と数字を挙げてくれている人もいます。**企業の公式サイトのIRページに行って自分で計算をしなくても、かなりのことがわかります。**

逆に、誰も書き込んでいない、いわゆる「過疎っている」銘柄もあります。たとえば、**3カ月も誰も書き込んでいないような銘柄だと、短期での値上がりは期待しづらい**でしょう。そうした銘柄を見分けるのにも使えます。

掲示板で、参考になる発言をしている人がいたら、ハンドルネーム部分をクリックしてみるのも面白いですよ。その人が、どの銘柄でどんな発言をしているか一覧表示されるので、そこからまた気になる銘柄を見つけることもあるからです。

実例 創立100周年の記念配当期待を教えてもらった稲畑産業(8098)

みんなの知恵を集めると言いますか、一人では発見できない情報に簡単にアクセスできるのも掲示板の醍醐味です。たとえば、最近の例では**稲畑産業(8098)**という銘柄があります。配当と優待を合わせて利回り3%超はあるので、私自身が投資対象銘柄として考える条件を満たしています。そこで掲示板を見たところ、なんと「創立100周年」との記載があり、調べてみると確かに18年が100周年でした。こんなこと、会社のホームページで沿革とか、数多くの資料を読み込まないと気付けなかった情報です。

100周年ともなると、掲示板にも書かれていましたが記念配当の期待が高まります。掲示板の書き込みを見てから約1カ月、自分でもチャートで値動きを確認した上で7月に購入。地合いがよく追随買いもあったことから、8月には利益確定しました。ただ、記念配当狙いで今も100株だけは保有中です。

「買い」と「売り」を両方推奨する人や、偽の大量ツイートにはくれぐれも注意!

投資関連の情報発信者には怪しい人もいないわけではない、と最初のほうで言いましたが、少し例を挙げておきましょう。

ひとつは、「売り」と「買い」の両方をオススメするような手口です。どちらかというと会員向け投資情報などの手口ですが、たとえば１００人に情報提供をしている場合、ある銘柄を50人には「上がりますよ」と現物買いを推奨して、残りの50人には「ここから下がります」と信用売りを勧めます。

株は上がるか下がるかの2通りですから、どちらか50人は必ず「当たる」わけです。

で、当たったほうの50人のうち、次は25人に現物買い、25人に信用売りを勧める。

同じようにどちらかの25人は必ず当たります。そうすると2回連続当たった人達は「この人の言うことは当たる！」とか「この人には特別な情報網がある！」などと「信者」になってくれます。そんなようなことを繰り返して、最終的に残った人たちを「スペシャル会員」にでもして、一人30万円とか50万円とかの「会費」を取るのです。あるいは「特別推奨銘柄あります。情報料１００万円」などと高額な料金で募集するのですが、もう信者になった人たちなので高額な料金を払う人が続出します。こんな原始的な手口で何百万円も儲かるわけで、もうウハウハなんですね。まあ、こういうあくどい人もいるというのは頭に入れておいたほうがいいと思います。

もう一つの手口は、ツイッターのアカウントをいっぱい作って、複数のアカウントで同じ銘柄をつぶやいて、さも盛り上がっているように見せかけるというものです。それを見た人が、真相を知らずに買い煽っちゃうということもあり得ます。

まったく同じ時間に、ある銘柄について同じことをつぶやいていたりするので、よくよく見ると怪しいとわかることもあります。

また、私はそこまで詳しくありませんが、ITに詳しい人が見ればある程度は「同じ人の別アカウントだ」とわかるようです。ただ、投資初心者などにはなかなか見抜けないので、慌てて乗っかる前に、「これは本当かな?」と一旦立ち止まって考えることも重要です。

JACKが実際に「カンニング中」のツイッター&ブログを紹介!

銘柄検索しようにも、気になる銘柄が思いつかないという人は、まずツイッターで信頼できそうな個人投資家をフォローして、その人がつぶやいている銘柄を見ていきましょう。

では、誰をフォローすればいいのか？

それは「誰をフォローすればいいの？」と勝ち組投資家に聞く＝カンニングするのが手っ取り早いので、まずは現在私が実際にフォローしていて、「カンニング先」としても活用させてもらっている人の中から、チェックしておいたほうがいい個人投資家をご紹介します。

こまめにつぶやいていて、マーケット状況をサクッと確認できる さとさん

相場状況をパパッと確認するのに便利なアカウントです。「朝はこうだったけど、すぐに戻った」など、要点だけをサクッと読めます。

さとさんは専業トレーダーなので、場中も頻繁につぶやいてくれるのもありがたいところです。たとえば、場中にどこかの企業がリリースを出したときなどにも、すぐにつぶやいてくれるので、会社の昼休みには「さとさんは何をつぶやいてるかな」と必ず見ています。私のように相場に張り付いていられない投資家には本当に助かるつぶやきばかりです。

また、自分の今のポジションもざっくばらんに書いているし、「こういう相場だから、明日は広く薄く買おう」とか「話題の○○に少し乗ってみた」など、これから何を狙って

図 日々のマーケット状況の把握に便利な専業投資家の「さとさん」

● 場中も頻繁につぶやいているツイッター

さと
https://twitter.com/sato_kabu

● 自身の取引内容やポジションを詳しく語るブログ

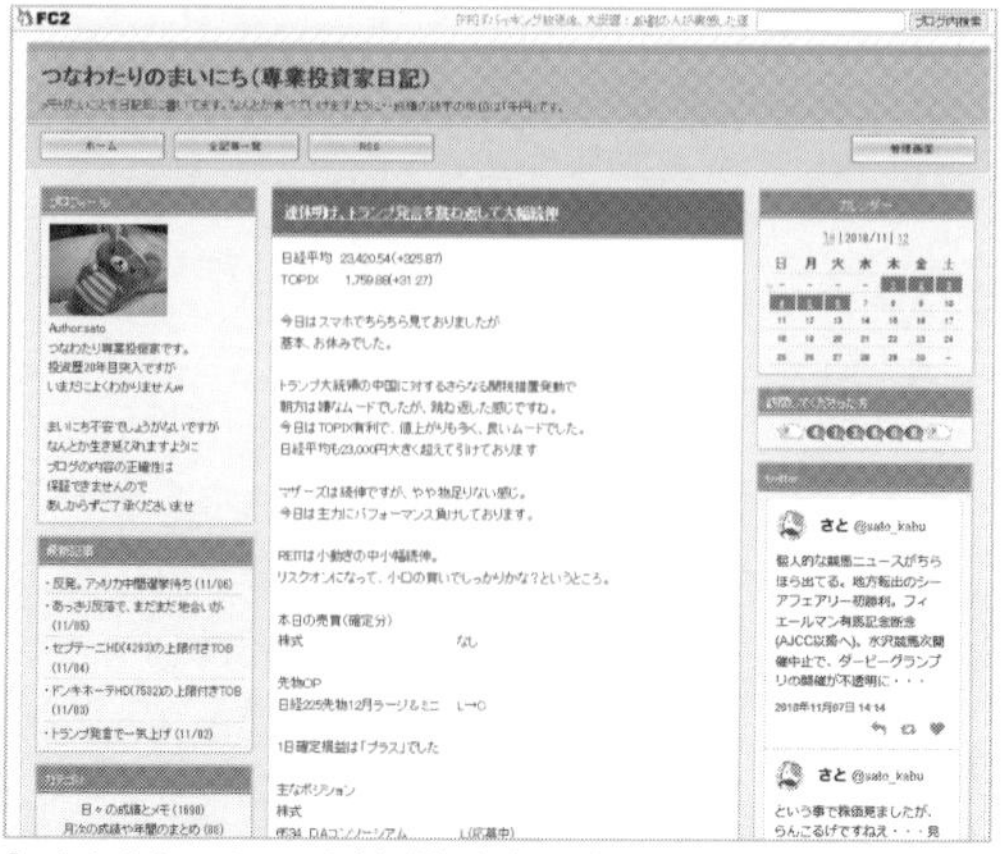

「つなわたりのまいにち(専業投資家日記)」
http://a1000miles.blog.fc2.com/

いるかといった個別の銘柄に関して書いている部分も参考になります。

ブログもある方なので、詳しく知りたいときはブログも読みます。マーケット状況や自分のポジションについてツイッターより詳細に書いてあって、「さとさんは今こういうポジションなんだ」と眺めたり、ときにはさとさんの銘柄に乗っかったりもします。

以前はコメント欄もあって、そこでのやり取りにもけっこうためになることが書いてあったんですが、何か面倒なことでもあったのでしょうか、閉鎖されてしまったのはちょっと痛手というか、残念でした。

実はさとさんには、何度も会ったことがあります。投資歴もかなり長いし、毎年毎年しっかり稼いで結果を出している人なので、信用できるし安心感もあります。フォロワー数は9000人超くらいです。

外国人の売買動向を見るのには最適な 夕凪さん

夕凪さんは、著作も多く、マネー誌にもたびたび登場していて、「早めに複数単元を買って値上がり益と株主優待をダブルで獲得する」といった株主優待ワザでよく知られている著名な専業投資家です。

図 外国人投資家の売買動向がすぐにわかる「夕凪さん」

●投資部門別売買状況だけをシンプルに確認できるツイッター

夕凪　https://twitter.com/yuunagi_dan
「ダントツ投資研究所」http://www.geocities.jp/yuunagi_dan/

ただ、ツイッターでは優待ワザではなく、ひたすら投資部門別の売り越し・買い越しの状況をつぶやいています。

これはとてもありがたいです。**自分で調べなくても、夕凪さんのつぶやきを見れば一目で売買状況がわかります。**わざわざ東証のサイトなどに行ってPDFやエクセルのファイルを開いて見るのは本当に面倒ですから。

この中では外国人の売買動向だけ見て把握しておけば十分です。「相変わらず外国人は売り越しているのか」とか、そういう感じです。基本的には、**外国人が売っているときは日経平均が下がる傾向にあるし、買っていればその反対**ということはご存じ

図「立会外分売」の参考になる貴重な存在「あんこさん」

●「立会外分売」銘柄について詳しく紹介しているブログ

あんこ　https://twitter.com/anko_kabu
「あんこの株.club」http://www.anko-kabu.club/

のとおりです。

フォロワーは3万3412人（18年11月時点）。売買動向のツイートは、リツイートやお気に入りも多いので、参考にしている投資家は多いと思います。

私は、ブログはあまり見ていませんが、ブログにも投資部門別売買状況は掲載されています。また、夕凪さんが実践しているさまざまな投資ワザも載っています。

「立会外分売」の参加・不参加を決める参考にしている あんこさん

あんこさんは、株主優待などについてもつぶやいていますが、私が主に見ているのは立会外分売に関してです。立会外分売が予定されている銘柄について、あんこさんが参加するかしないかを理由も含めて書いているので、それを参考にしています。

どの銘柄が立会外分売を実施するのかは企業の適時開示情報やＳＢＩ証券、松井証券などのネット証券のサイトを見ればわかりますが、いちいち調べるのは面倒。でも、**あんこさんのツイッターとブログを見ておけば、立会外分売の予定が出ると記事が出てくるのでわざわざ確認しに行く手間がかかりません。**

立会外分売は、急いでチェックしなくていいので、ツイッターで記事の更新を知ったら、あとは家でじっくりブログを読みます。

マニアックとまでは言いませんが、立会外分売をツイッターやブログで取り上げている個人投資家は、私はあんこさんくらいしか知りません。

立会外分売についての記事は、たとえば「年初来安値圏で割引率もまあまあだから参加してみよう」とか「買い板が薄いから不参加」など参加理由やリスクなども細かく書いてあります。だから、そのままカンニングして乗っかれるのがいいですね。初心者なら、なおさらです。自分で判断するより、あんこさんに乗っかるのをおすすめします。

慣れてくれば、「売り出しの株数が少なければ上がりやすい」とか「直前にだまし上げのチャートがない」とかその辺りは見てわかるので、あんこさんが挙げているデータと書いている内容を見ながら自分で答え合わせをすれば、より安心です。

念のため説明しておくと、立会外分売は証券取引所の取引時間外（立会外）に割引価格で売り出される株のことです。多少安く買えるくらいで、ものすごく儲かるというものではありませんが、購入手数料もかからないし4000〜5000円でも利益が出れば、飲み代か焼肉1回分くらいにはなりますよ。そもそも、立会外分売はあまり業績が悪い会社はやらないので、一瞬沈んだとしても堅調に上がっていく銘柄のほうが多いでしょう。とは言え、基本は即売りが安全です。

実例 ブログを真似しただけでテモナ（3985）などで約2万円の利益

実際に、あんこさんのブログを参考に成功した例を挙げましょう。**テモナ（3985）**や**ノムラシステムコーポレーション（3940）**など立会外分売の発表が連日続いた2018年の5月、立て続けということもあり、私は自分で調べる時間がありませんでした。そこで、あんこさんのチャート分析と「参加してもいいかな」というコメントにそのまま乗って参加したところ、少額ではありますがテモナは1万2900円、ノムラシステムコ

図 フォロワー数が多いアカウントには情報が集まってくる

●「てんかさん」が優待に関するまとめ情報を求めると…

てんか　https://twitter.com/tennka0

●すぐにコメントがついて関連する情報サイトが送られた

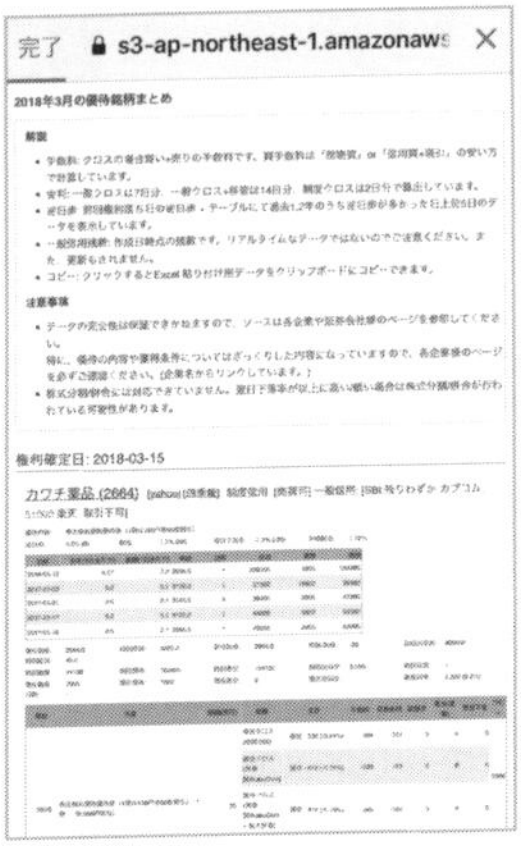

ーポレーションは6200円の利益を獲得できました。

フォロワーが多く、有益な情報が集まってくるのが魅力　てんかさん

てんかさんも専業トレーダーです。場中に動いている銘柄など、個別の銘柄名を出してツイートしてくれるので参考にしています。

こんなことを言うとてんかさんには怒られるかもしれませんが、やや「曲がり屋」の傾向があって、てんかさんが「買った」とつぶやいた銘柄は下がるというように、逆に動くのが見ていて面白いですね。ただ、それだけではカンニング先としてどうなんだという話ですが、18年11月時点でフォロ

ワーが2万4832人もいるので影響力はあるし、いろいろ情報が集まってくるので見ておく価値はあると思います。

あるとき、こんなことがありました。てんかさんが、「優待調べるのめんどくさい。誰か利回りリスト送ってくれないかな…」とつぶやいたら、「優待内容や手数料、金利、過去の逆日歩ならまとめています」というリプライがあって、リンクをクリックしたら確かに一覧でまとまっていたんです。私も、早速自分のお気に入りに入れましたよ。

このようにフォロワーの多い株式投資のアカウントは、やはりフォローしておいて損はないと思います。

ツイッターは「情報が情報を呼ぶ」ツールですから、フォロワーの多い人が、「○○についてわかるサイトはありませんか」「このIPOどうでしょうね」など何かつぶやけば、教えてくれる人が出てきます。自分でつぶやかなくても、あとはそれを見ていればいいだけです。このように**他人が入手した情報を、勝手に「共有」してしまうのもカンニング投資の基本ワザ**と言えますね。

IPO（新規公開株）の初値予想が参考になる！　まつのすけさん

IPO投資は、私が最も力を入れている分野ですが、IPO関連で私が参考にしているツイッター&ブログの一つがまつのすけさんです。投資機関で働く兼業トレーダーです。

IPO銘柄の初値予想を出してくれるので、それを見て「このくらいになりそうなのか」とあれこれ考えるわけです。**IPO銘柄に関しては、事業内容や業績の推移、上場規模などについて詳しく紹介しています。**当然、ツイッターでは書ききれないのでブログがメインです。ブログが更新されると、ツイッターでお知らせが来るという感じです。ブログはそうとう凝ったつくりで、記事が読みやすくわかりやすい点も気に入っています。

IPO投資について参考にしているツイッターのアカウントは他にもありますが、残念ながら鍵をかけて非公開にしている人ばかりで、紹介できておすすめできるのはまつのすけさんくらいでしょうか。

まつのすけさんは更新の頻度が高く、クレジットカードやふるさと納税といったマネー全般の情報の発信も多いので、たいへん役立ちます。IPO投資はやらないという人でも知っておいて損はないアカウントでしょう。

図 IPOの初値予想を知りたいときに参考になる「まつのすけさん」

●新規IPO銘柄が目に飛び込んでくるツイッター

まつのすけ
https://twitter.com/matsunosuke_jp

●IPO情報をはじめマネー全般の情報を紹介するブログ

「The Goal」 https://matsunosuke.jp/

著名な大物投資家なのでフォローしておきたい　ｃｉｓさん

ｃｉｓさんは、株式投資の世界では著名な、資産２３０億円という超大物投資家です。最近はゲームや仮想通貨関連のつぶやきが多く、個別銘柄についてはほとんどつぶやきません。しかし、25万８０００人もフォロワーがいるので、銘柄関連のつぶやきがあれば大きな影響力があります。仮に、１人が1単元ずつ買っても大変なことになります（あくまで、仮の話ですよ）。

ｃｉｓさんが買うなら付いていこうという投資家も多いので、フォローしておいたらいいと思います。

なお、銘柄名は直接はつぶやきません。たとえば、「とある携帯新規参入の会社を昨日リベンジ買い。前回逆張りした時は即大負けしたが果たして…」というように、ヒントを出すので、そこから銘柄名を類推することになります。

それでも、超大物投資家が何に関心を示しているかを覗き見するだけでも勉強になるかもしれません。（アカウントは　https://twitter.com/cissan_9984　です）

その他のおすすめツイッター

www9945さん【海外株】【高配当】	https://twitter.com/sp500500
avexfreakさん【四季報投資】【イベント投資】	https://twitter.com/avexfreak
かんちさん【株主優待】	https://twitter.com/kanti990
DAIBOUCHOさん【株式個別銘柄】	https://twitter.com/DAIBOUCHO
rikaさん【株主優待】	https://twitter.com/jijiinojii
Akitoさん【株式個別銘柄】	https://twitter.com/Akito8868
テスタさん【株式個別銘柄】	https://twitter.com/tesuta001
岡三マン【株式関連情報全般】	https://twitter.com/okasanman?lang=ja

少しでも気になるアカウントは、とりあえずフォローしておこう！

株式投資関連で興味深いつぶやきをしている人を見つけたら、最初はどんどんフォローしていくのがおすすめです。「本当に使える内容なのか」など、あまり精査しすぎないでいいと思います。フォローを外すのはいつでもできるからです。

なぜどんどんフォローすることを勧めるかというと、私のこれまでの経験から言うと、「いいな、この人。参考になることをつぶやいてるな」と思う人が、ある日「鍵」をかけてしまう（鍵アカになる）ケースがけっこう多いからです。

最初はみんなフランクにいろいろつぶやい

ているけれど、投資に関することなのでいちゃもんを付けられたり、「ちょっと書きすぎたかな」と反省したりして、鍵をかけて仲間内で自由に話そう、となるのかもしれません。

一度、鍵をかけられてしまうとツイートは非公開になり、相手に申請して許可されないと読めなくなってしまいます。ただし、**鍵をかけられる前からフォローしておけば、鍵がかかったあとでも変わらずにツイートを読むことができるのです（相手からブロックされない限り）。**

私にも、フォローしていなかったら鍵アカになってしまい、読みたいのに読めない人がいます。ＩＰＯのセカンダリーを当てている人で、フォローのリクエストを送っていますが残念ながらいまだに承認されていません。

フォローしておくとよいツイッターアカウントの見分けかた

気になったアカウントはどんどんフォローすることをおすすめしましたが、そうは言っても、何でもフォローすればいいというわけでもありません。「どんな人をフォローすればいいかわからない」という人は、まず次のポイントで選んでみるとよいでしょう。

●フォロワーが多い

多くの人に読まれているアカウントは、チェックしておいて損はないです。銘柄についてつぶやいたときに影響力が大きい（株価が動く）可能性もあります。

●投資歴がかなり長い

投資経験が長いということは、それだけいろいろな相場を経験してきています。そのため、ここ数年の上げ相場しか知らない人よりは信頼できる傾向にあります。投資歴は、プロフィール欄に書いてあったり、ブログがあればその中で触れている場合があります。

●銘柄検索で何度も引っかかる

気になった銘柄を検索するたびに同じ人のつぶやきが引っかかるなら、興味の方向性が被るということなので、フォローしておく意味はありそうです。

●銘柄名だけではなく、理由も書いている

銘柄名だけを数多く挙げている人よりは、「こういう理由で、今この銘柄に注目しています」と理由を書いている人のほうが当然ながら参考になります。

その他、ツイッターを利用していると、自分がフォロー中の人が、フォローしている人などを「おすすめユーザー」として提示してくれます。ツイッターのおすすめにも素直に従ってみると、得られる情報の幅が広がるかもしれません。

ツイッター&ブログ情報の利用方法と売買タイミングの考え方

ここからはカンニング投資での取引方法について解説します。

「カンニング投資」ですから、つぶやいている人やブログを書いている人が挙げている銘柄を見て、同じように取引するのが基本です。

つまり、「カンニング先の人がいいと思っている銘柄を真似して買う」ということですね。たとえば、「**シルバーライフ(9262)**を野村アセットが6・7%大量の保有」というつぶやきを見て買ってみようかとか、「**アルファクス・フード・システム(3814)**が今日500円上げたけど、まだ時価総額65億だから下がったら買おう」とつぶやいている人を参考に、少し下げた値段で指値を入れておくとか。ちなみに、シルバーライフもアルファクスも私が実際に見たつぶやきで、どちらもうまく乗れて利益を出せた事例です。

基本はコピートレード。まず1単元買って、そこから買い増すのが安全

注意点としては、買値はカンニング先の相手と丸っきり一緒にすることはできないこと。そこもカンニングできればいちばん楽なのですが、その人がいつ買ったかはわからないからです。たとえ、「今日買いました」というつぶやきがあっても、値動きの激しい銘柄なら1日の中でも買値にかなりの差が出る可能性もあります。

旬だと判断して今すぐ飛び乗るのか、それとも1円でも安く買えるように少しタイミングを計るのか。どちらもアリだと思いますが、どちらがよかったのかは地合いや銘柄によっても変わってきます。

そこで私がよくやっているのは、まず1単元だけ買う。そして、そこから下がったらもう1単元買い増す、というやり方です。もちろん、信頼できる人の情報をベースにこれから上がりそうな銘柄を選んでいるというのが前提です。

「カンニング先」は数人くらいは用意、外してばかりなら「チェンジ」もあり！

「この人はよさそう」と思うツイッターやブログがあっても、一人だけを参考にするのは

おすすめしません。「その人が急につぶやかなくなったら、その後はどうするの?」というわけです。また、いいと思ってもそうじゃなかったということもあるので、複数の「カンニング先」を用意しておいて、その中からよりよい情報をチョイスして参考にしたほうがやられにくいと思います。

また、カンニング先の人が信頼できるのかわからないうちは、本当に買うのではなく「買ったつもり、売ったつもり」でデモトレードするのがおすすめです。ある程度パフォーマンスを確認してから、本当に取引したほうがリスクは減らせると思います。

それでも、実際にやってみたら外れてばかり……というときには、間違ったカンニング先を選んでしまったとしか言いようがありません。損失分は授業料と割り切って、次のカンニング先を探しましょう。

ちなみに、カンニング相手の投資スタンスを見ておくことも忘れずに。同じ「上がる銘柄」でも短期なのか中長期なのかで全然違いますから。自分が短期狙いなのに、「早ければ半年~1年で上がる」というスタンスの人を真似ていては失敗するのも当然です。

カンニング投資でも、売りのタイミングは自分で判断すること

「○○はまだ上がってますが、私は売りました」「○○の利益確定しました」など、推していた銘柄を売却したことをつぶやく人はいます。「○○は材料出尽くしですね」もほぼ同じ意味です。自分の思うとおりに上がったから、次の行動も発信したくなるんだと思います。**ブログだと詳しいポジションを載せている人もいますから、毎日見ていれば「あの銘柄は売ったんだな」ということはわかります。**

参考にしていた、つまりカンニング先の人が売ったら、あなたも素直に売っていいと思います。そもそもあなたは、別にその銘柄に思い入れがあったわけじゃなくて、○○さんがいいと言っていたから買ったわけです。だったら、もう持っている理由がないと判断していいでしょう。

ただ、ここからが重要なんですが、**売る前に「これから売りますよ」と教えてくれる人はいません。**フォロワーがたくさんいるような影響力のある人が、自分が手仕舞う前にいつ売るのか書いてしまうと、その前に売ってしまおうとする人が出てくるからです。

また、カンニング先の相手とは、買値がもともと違う可能性が高いので、売りタイミン

グだけは自分で考えて判断してください。

チャートからテクニカルで売却価格を決めてもいいですし、「2割上がったらすべて売却する」「100円抜いたら、あとは1単元だけ残して利益確定」など、自分でその都度ルールを決めておいてもよいと思います。

でも、私自身も、自分の買ったところが株価の天井だったり、ロスカットしたとたんに反転したりということもいまだにあります。次は、儲けたものの、売りタイミングでちょっと悔しい思いをした銘柄の実例を紹介します。

実例 東亜石油（5008） 親会社によるTOBの噂（？）もあってか急上昇！

昭和シェルグループの石油精製会社です。原油価格が値上がりする中で注目され出して、18年3月に170円くらいだったのが、4月半ばから急上昇し始めました。

私は、ツイッターのつぶやきで東亜石油（5008）の値動きを知り、そこからウオッチしていました。「親会社によるTOBがあるのでは」と推測するつぶやきも見ましたね。銘柄名でツイッターを検索するとずっと盛り上がっているし、じゃあ乗ってみようかと

図 ツイッター情報で儲けたが悔しい思いもした東亜石油(5008)

●2018年3〜7月上旬のチャート

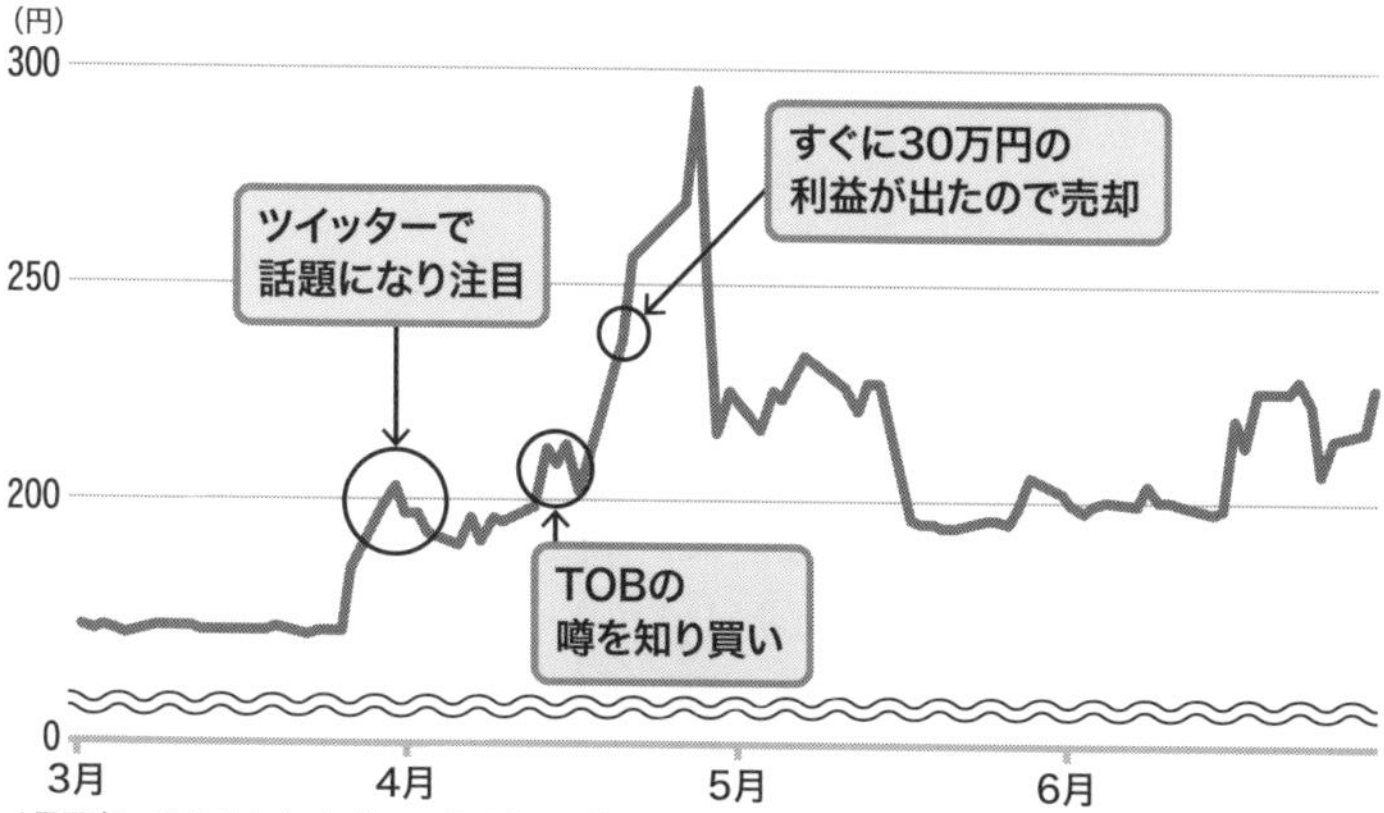

4月下旬〜5月上旬にかけての取引で利益が出たが、その後の値動きは見当が外れたため、一部は損失を被った(トータルではプラス)。

決算発表日の前日の4月26日に210円前後で合計1万7000株を購入しました。その後、4月27日の引け後にTOBのリリースこそありませんでしたが、業績予想を上方修正。5月1日に229円で売却して、30万円以上の利益となりました。

「TOB」や「MBO」などの用語で週1度は検索を

TOBの発表はなくとも結果オーライとなりましたが、そもそもツイッターで気が付かなければ、売買することもありませんでした。つぶやいた方には感謝しています。

ちなみに、TOBの情報が出て来ないので一旦落ち着くかと思ったら下がらないし、出来高も減らず、連休明けの5月8日には29

9円の年初来高値を付けました。

私は、300円を超えてくると見て高値で買戻しましたが、そこは見当が外れ、損失を被ってしまいました。利確した後に、ついつい調子に乗って同じ銘柄を追いかける悪い癖が出たと割り切ってはおりますが……。とにかく、「TOB」や「MBO」といった用語で週に1度はツイッターで検索する習慣をつけておくとよいのではないでしょうか。

「カンニング先」の失敗を責めても百害あって一利なし。次を探しましょう！

ここまでオススメのカンニング先を紹介してきましたが、とても大切なことをお伝えします。それは、「儲かっていそうな投資ブログやツイッターアカウントを見つけて、カンニングした結果、投資成果が上がらなかったら――」です。

当然ながら、そうしたことは十分あり得ます、株式投資に「絶対」はないのですから。

そんなときに決してやってはいけないのは、カンニング先を責めたり恨んだりすることです。コメント欄で直接非難しないのはもちろん、「全然当たらないじゃないか」といつまでも相手に対して恨みを持つことはやめましょう。

そもそも、こちらが勝手に「カンニング」しているだけですからね。

仮に、テストでカンニングした相手が間違えていたとしても、そこで「お前、なんで間違えてるんだよ、責任取れ！」という人はいないでしょう。それと同じです。

基本中の基本ですが、「投資は100%自己責任」。「カンニング投資」でも、最終的には売買している本人だけに責任があります。

「カンニング先を間違えた」とすっぱり諦めて、次はもっとよい人を見つけましょう。

余裕があれば、「この人はどうして外すんだろう」と考えてみるのも悪くはないと思います。人の失敗から学べること、気づくこともあるからです。とは言え、ダメだった人のことをいつまでも考えるよりは、さっさと切り替えることを私はおすすめします。

あともう一つ頭に入れておきたいのは、「どんな上級者でも100%成功するわけではない」ということです。10回取引すれば、勝率が高い人でも2〜3回は負けてしまうのが株の世界です。真似できそうな個人投資家を見つけてカンニングしても、10回のうちの2〜3回の「負け」にばかり当たってしまう不運もあり得ます。これについては、ある程度割り切るしかないのではと思います。

オフ会やセミナー後の懇親会など、「対面」で得られる情報は使える！

もう一点、お伝えしておきたいことは、「カンニングの場はパソコンやスマホを通じたネット空間だけではない」ということです。

ホームページや掲示板に加えて、ブログやツイッターも普及したことで、今や多くの個人投資家がネットで株関連の情報を発信しています。その情報量は、数年前と比べても飛躍的に伸びているんじゃないでしょうか。

だからこそ、この本ではネット上の情報を活用して「カンニング投資」する方法をお伝えしているわけですが、その一方で、私はオフ会やセミナーなど「実際に顔を合わせて情報を得る」ことは、今でもけっこう有用だと感じています。

もうずいぶん昔の話ですが、ＩＰＯ投資を始めた頃、私はどの証券会社で口座を開けばいいのか、どこで申し込めばいいのか、どうやったら当選確率を上げられるのか、さっぱりわかりませんでした。いろいろ調べるうちにＩＰＯ投資がテーマのネット掲示板を見つけて、そこで情報収集をするようになり、あるときその掲示板の「オフ会」があるというので、恐る恐る参加しました。

承認欲求を満たしてあげてギブ&テイクの精神で情報を得る！

オフ会には、年齢も性別もバラバラの人たちが集まっていて、そのこと自体にも驚きましたが、掲示板でのやり取り以上に、多彩な情報が出てきたことにびっくりしました。

顔を合わせて話していると、「有益なことを話している自分を認めてほしい」という承認欲求がより強く出るのかもしれません。また、自分が知りたいことをピンポイントで直接聞けるというのも、対面ならではでしょう。ネットで拡散されたくないような情報も、個人的に聞くと教えてもらえる可能性があります。

聞き方のポイントとしては、相手の投資金額が自分より多かろうが少なかろうが、態度を変えたりせず、常にリスペクトしているという態度で接すること。そして、できるだけ「ギブ&テイク」を心がけること。有益な情報をもらうには、こちらからも何か情報を出して交換しましょうという当たり前の話です。たとえば、ある銘柄について「〇〇さんが書いていた銘柄、いつ頃売るんですか？」という聞き方は、あまりよくはありません（教えてくれる人もいるとは思いますが）。

でも、特別な情報ではなくても、「私が調べたところでは、そろそろ株価もピークのようなんですが……〇〇さんはどう思いますか？」のように、自分の考えや意見を加えるとだいぶ印象は違います。

「情報が情報を呼ぶ」という言葉がありますが、自分からも何か発信することで、予想していた以上の話が聞けることは多いのです。これは、ブログやツイッターのコメント欄でも同様です。ただ質問するのではなくこちらの考えを伝え、可能なら有益な情報も教えることで、本当に知りたかったことを教えてもらえるかもしれません。

話がそれましたが、もし可能であればオフ会やセミナーといった「対面」の機会も、情報収集にぜひ活用してみてください。「オフ会はハードルが高い」「懇親会は苦手」というなら、まずは参加して人の話を聞いているだけでいいセミナーから始めましょう。私自身、セミナーの講師を務める機会もありますが、「せっかく来てくれたんだから」とネットでは発信していない情報をお伝えするように心がけています。

Column

ツイッターでフォローしている人が多くなったら、「リスト化」しておくと便利！

ツイッターは、相手がつぶやいた瞬間にリアルタイムで見られるのがメリットですが、フォローしている人が増えてくると、あっという間にツイートが流れていって目に留まらないことがあります。私は、約230人をフォローしていますが（ちなみに、フォロワーは約5500人です）、ときどき目当てのつぶやきを探すのが面倒なこともあります。

そこで、フォローしている人が増えてきたら、ツイッターの機能を使って「リスト化」しておくと便利だそうです（私はまだリスト化はしていませんが）。ツイッターを使いこなしている人はご存じだと思いますが、ツイッターの設定画面から「リストを作成する」を選び、たとえば「IPO」や「株主優待」といったカテゴリー別にリストを作り、アカウントを登録するだけです。リストを選ぶと、その構成メンバーだけのタイムラインが表示されるので、後から気になるつぶやきを探しやすくなります。

また、スマホアプリからは公開リストの検索も可能です。カンニング投資に役立ちそうなリストがあったらリストを丸ごと保存しておくとよさそうです。

Column

「仕手株」&怪しいトレーダーに惑わされるととんでもないことに！

2018年の1～3月半ばにかけて急騰したニチダイ（6467）という銘柄がありました。年初に600円台だった株価は、突出した材料があったわけではないのに急上昇。1月の終わりには1000円を突破し、さらに上昇し2月に入ると2000円台に。そして3月16日には3980円の高値を付けたものの、そこからは一気に下落に転じて、2週間後には1500円台になり、18年7月現在は1000円を大きく下回っています。

実は、この銘柄は典型的な「仕手株」でした。急騰中は根拠なき書き込みや真偽不明な情報で株式掲示板がにぎわいました。

株価が大きく動くと、その魅惑に負けて判断力を失いがちですが、これらの書き込みを信じてはいけません。

また、怪しげなトレーダーのつぶやきを信頼するのも絶対に避けてください！

この仕手銘柄が、すでに下がり始めていたタイミングで、「絶好の押し目買い」といった内容のつぶやきをしていた著名トレーダーがいました。もし、その人を信じて3980円で買っていたら、1単元だけでも2週間で20万円以上の損失です。

図 仕手株には根拠なき書き込みやツイートが増える

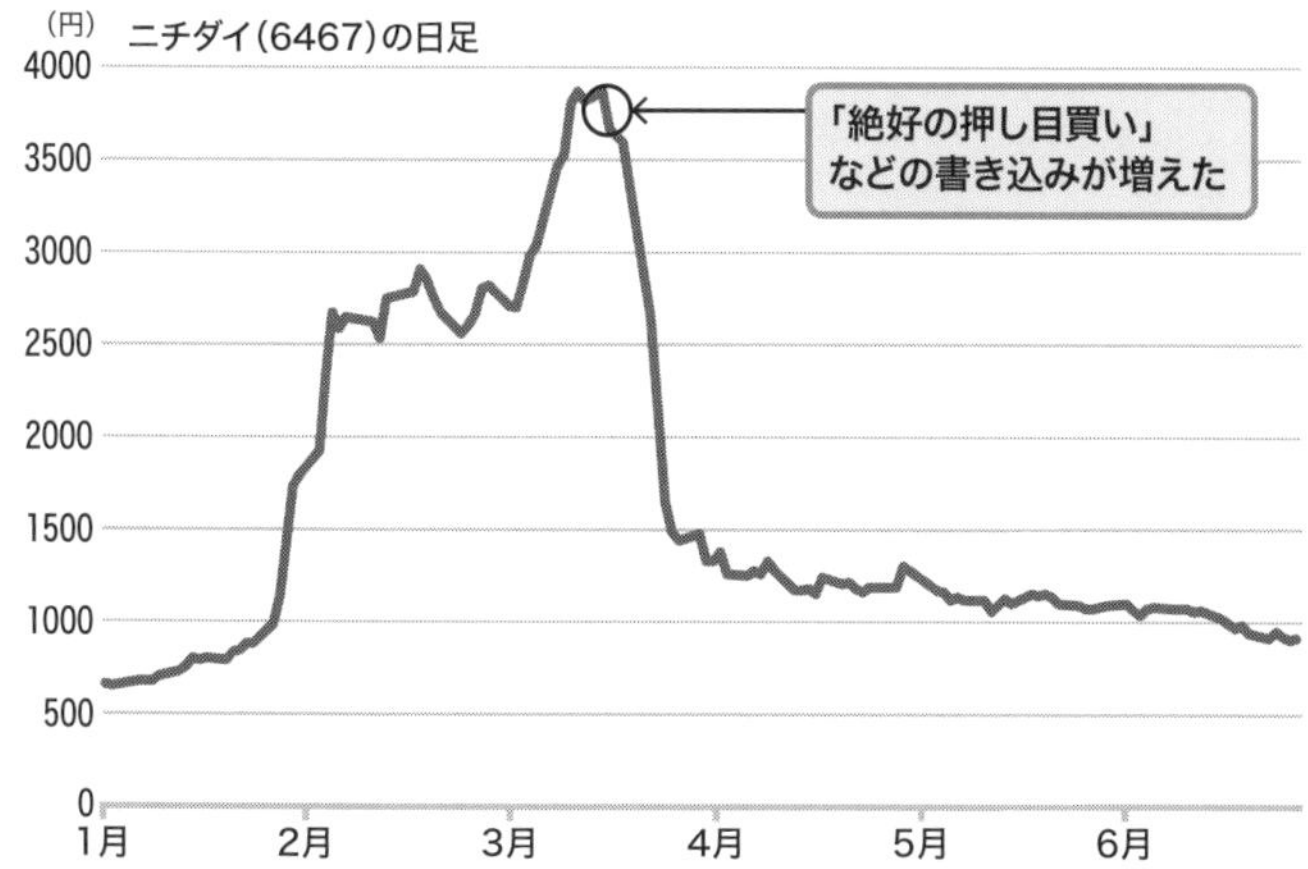

重要なのは、ダメな人やズルい人についていかないことです。

大まかな傾向としては、やたらとたくさんの銘柄名を挙げる人は信用できません。数が多ければ、どれかは当たるだろうということだからです。

逆に、勝負として1～2銘柄だけを挙げる人は、自分でもその銘柄に投資していることが多く、信頼できる傾向にあります。

ただし、繰り返しになりますが、最初から100%信じてすぐに取引を始めるのではなく、よさそうだと思っても、まずは机上でデモトレードをやって「この人の挙げる銘柄なら7割くらいは信頼できる」と感じた場合にのみ、「カンニング投資」をしてください。

メルマガ編

「今買って儲かる銘柄」を理由と共に教えてくれる有料メルマガは使える！

株式投資関連のメールマガジンにも、「カンニング先」として有効なものがあります。その中で、私が今のところおすすめしたいのは、有料メルマガ３本です。

証券会社などの金融機関などは、株式情報の無料メルマガを数多く配信しています。にもかかわらず、なんでわざわざ有料メルマガなんだという人もいるんじゃないでしょうか。確かに、証券会社のメルマガは相場状況やマクロ状況をつかむのには有効です。通勤途中にスマホで読んで、相場状況を見ておくにはおすすめです。

また、フィスコなどの投資情報サービス企業の中には、個別銘柄のレポートを数多く配信しているところもあります。ただ、「数打ちゃ当たる」と言っては失礼ですが、銘柄が絞り込まれていないため、資料として目を通すにはいいとしても、今買うべき個別銘柄を見つけるためには向いていないというのが私の考えです。それよりも、**執筆者が自分のために真剣に銘柄を選んでいて、売り買いの理由をきちんと挙げている、また実際に実績を上げていて、しかも多くの人がその情報を参考にしている、そういうメルマガのほうが「カンニング先」には向いている**と思います。そして、本当に使えるメルマガを絞り込んでいった結果、有料のものが残ったということです。

ここで紹介する有料メルマガは、いずれも私が実際に会員になったことがあり、本当に銘柄選びの参考（＝カンニング先）にして、そしてここが大事ですが、儲けた経験がちゃんとある、というところです。

3本の有料メルマガのうち、2本は場中にメールが届くことがあるのも私の好みです。場中に配信されるメルマガは、その日の相場を反映しているので即効性があります。もちろん、メルマガによっては時刻設定して配信予約を使っている可能性もあるのでそこは個別に確認が必要ですが、「ここで買い増しです」とか「手仕舞いました」といった今の値動きに対してのポジションがわかるのは参考になります。そこは、ツイッターのつぶやきと一緒ですね。

なお、ツイッター・ブログ編でも書きましたが、メルマガも1本だけを「カンニング先」

とするよりは、（ツイッターやブログも含めて）複数の「カンニング先」からそのときどきでパフォーマンスを上げている、よさそうなものを見ていくことをおすすめします。

カンニング投資におすすめ　有料メルマガ❶

選抜株式レース～全日本株式投資選手権～

有料メールマガジンで最初に紹介するのは、「選抜株式レース　直前メール」です。毎週日曜の午後6時半前後に届くメルマガなので、月曜の場が開く前に気になる銘柄をチェックできることが、「カンニング先」としてはとにかくメリットです。日曜の夜なら、平日の日中は身動きが取れないというサラリーマンも、じっくり銘柄を選べますから。

「選抜株式レース」というのは、選手としてエントリーした個人投資家がそれぞれ自信のある1銘柄（「買い」でも「売り」でもOK）を挙げて、そのパフォーマンスを競う株式レースです。有料メルマガ会員になると各参加者が挙げたイチオシの銘柄を、月曜からのレースが始まる前にカンニングして投資の参考にできます。

「選抜株式レース」は、10年以上の歴史があるというのもポイントです。長い期間続いていることは、それなりに評価できるのではないでしょうか。私は、この「選抜株式レース」のオフ会や懇親会に参加したこともありますが、専業トレーダーがいたり、証券マンが腕試しで参加していたり、さまざまな経歴の人がいて面白かったです。

料金は、年間２万１０００円（税込）です。パッと見には高いと感じる人もいるかもしれませんが、１カ月あたりにすれば１７５０円で、１週間なら５００円以下です。メルマガ自体歴史があり、実績のあるスゴ腕の個人投資家がガチで選んだ銘柄を見られると考えれば、出しづらい金額ではないと思います。

なお、火曜の夜には銘柄名が、またその週の最終取引日の夜には直前メールそのものが、サイトで無料公開されます。「メルマガを見て、すぐに取引に生かす」という使い方はできませんが、有料の会員にならなくても各選手が選んだ銘柄を後からチェックすることは可能です。会員になる前に様子を見たいという人は、サイトに公開された情報でパフォーマンスなどをチェックしてみるといいんじゃないでしょうか。

私は、この「選抜株式レース」の銘柄を「カンニング先」として活用しているだけでなく、実はレース出場者としてエントリーもしています。

図 スゴ腕投資家が選んだ銘柄が丸わかり！

●「株式選抜レース　直前メール」のメルマガ

■□■□■□■□■□■□■□■□■□■□■□■□■□■□■□■□■

選 抜 株 式 レ ー ス　直 前 メ ー ル

2018年秋季レース第2節 期間：2018/10/09〜2018/10/12

----

http://www.stockrace.info/
staff@stockrace.info

■□■□■□■□■□■□■□■□■□■□■□■□■□■□■□■□■

２０１８年秋季選抜株式レース第１節が終了しました。
米国株が大きく下落した流れを引き継ぎ、日経平均・TOPIXともに３日続落。
新興企業も軟調で、ジャスダックインデックスは反落。
【全リーグ通算成績トップ争い】
sato氏、継続売り「ティアック(6803)」+18.97%。
全リーグトップに浮上！
逆張売貧乏氏、新規買い「朝日インテック(7747)」+7.74%。
全リーグ２位へ後退。
たまたま氏、継続買い「スルガ銀行(8358)」+6.87%。
全リーグ３位に浮上。

| プレミアリーグ |

| sato氏、継続売り「ティアック(6803)」18.97%下落で当節トップ！
| AROT氏、継続買い「朝日インテック(7747)」6.65%ＵＰで当節２位。
| はっぴい氏、新規買い「Ｃａｓａ(7196)」3.77%ＵＰで当節３位。

| メインリーグ |

| たまたま氏、継続買い「スルガ銀行(8358)」6.87%ＵＰで当節トップ！
| Ｅｌｉｚａｂｅｔｈ氏、新規買い「Ｃａｓａ(7196)」3.77%ＵＰで当節２位。
| 空蝉氏、新規買い「NEXT NOTES 日経・TOCOM 原油 ダブル・ブル ETN(2038)」10/03寄り確定、3.69%ＵＰで当節３位。

| オープンリーグ |

| 逆張売貧乏氏、新規買い「朝日インテック(7747)」7.74%ＵＰで当節トップ！
| tune氏、新規買い「ナルミヤ・インターナショナル(9275)」6.66%ＵＰで当節２位。
| リリーホワイト氏、継続買い「正興電機製作所(6653)」6.61%ＵＰで当節３位。

10/9(火)から、２０１８年秋季選抜株式レース第２節がスタートします。
三連休を前に株価が手仕舞いムードを広める中、レース出場の実力者はどう判断するのか…？

【注意】
出場者名の欄の☆マークは支持率を表します。

日曜夕方に届くので、月曜の場が開く前にチェック可能。実績をあげている勝ち組の選ぶ銘柄に乗っかるだけでもいい！

「銘柄カブり」や「しっかりした材料」は、儲かる可能性大！

まずは、私が利用者として、このメルマガで儲けた例をお話ししましょう。

儲けたことは何度もありますが、よくあるパターンはレース参加者の挙げている銘柄がカブっているとき。みんながいいという銘柄は、やはり上がる確率が高いですね。

あとは、「買いの理由」がしっかりしている銘柄も、うまく儲けられるケースが多い。

たとえば、「東証への指定替えでＴＯＰＩＸの買いが来月来る」といった堅い材料で選ばれた銘柄です。ただし、これはちょっと昔の話で、最近は「指定替えで上がる」という手法が知れ渡り過ぎて、逆に材料出尽くしで下がるケースも多いのですが……。

実例 ヒノキヤグループ（1413）のカンニング情報で30万円の儲け！

具体的な銘柄名を挙げると、けっこう前にはなりますが03年の**東急建設（1720）**や04年の**フランスベッド（現フランスベッドHD）（7840）**です。このときはかなり大きく噴いて100万円以上儲かりました。どちらも、自分で探しても気づけた銘柄かもしれませんが、「選抜株式レース」で挙げている人がいたので「これは買っておかないと」と思った記憶があります。

また、もう少し最近の話だと**桧家ホールディングス（現・ヒノキヤグループ）（1413）**があります。2018年1月のメルマガ内で、「PERが8・1倍、配当利回り3・68％と割安感がある」「東証1部昇格も予想される（※同年3月23日に1部に指定替えになりました）」と取り上げられたことから、早速カンニング。2600円前後で500株を仕込み、3300円で売却できたので、30万円以上も儲けることができました。

ところで、前述のとおり、**私はこのレースに選手名「stella」としてエントリーもしています。**つまり、他の人をカンニングする傍ら、私自身がカンニングされる側にもなっているわけです。2006年と2012年にはリーグ優勝もしていますので、機会があればぜひともご参考にしていただければと思います。

ちなみに、前回リーグ優勝した2012年に大きく貢献してくれた銘柄は**ムーンバット（8115）**です。当時、業績が堅調で配当利回りが高いことから選びましたが、130円の株価が256円とわずか2週間で2倍以上になり、通算成績も一気に＋100％を超えました。なお、ムーンバットはその後、5株を1株に併合しているため、現在の株価と比較する際はご注意ください。

スゴ腕の個人投資家数十人が、毎週「自信の1銘柄」を挙げる！

「選抜株式レース」のレースの仕組みと流れを説明しておきましょう。

レースは3部リーグ制で、上から「プレミアリーグ」「メインリーグ」「オープンリーグ」に分かれています。各リーグの参加者はそれぞれ25名前後。3カ月間のレース期間の成績によって、リーグの入れ替えもあります。

参加人数が多く、最上位のプレミアリーグだけでも約25人いますから、「カンニング先が多い」というのがこのメルマガの大きな魅力のひとつです。1人から10銘柄を聞くより、10人からそれぞれ1つの銘柄を聞くほうが参考になるし、楽しいですよね。

また、単に人数が多いだけではありません。公式サイトで公開されているデータを見ると、プレミアリーグ参加者の平均成績は、日経平均株価のパフォーマンスを上回っていることがわかります。しっかり結果は出しているということです。

レース参加者は、毎週日曜の午後5時までにそれぞれ1銘柄と、その銘柄を選んだ理由を事務局に送ります。事務局が、各参加者の情報をまとめて編集し、午後6〜7時頃に会員にメルマガを一斉送信するというのが、毎週の流れになっています。

ただし、全員が毎回新規の銘柄を挙げてくるわけではありません。いい銘柄がなかった、忙しくて銘柄選定ができなかったなどの理由で、先週エントリーした銘柄をそのまま「継続」する人もいます。

また、「選抜株式レース」では、「新規銘柄」と「継続」のほかに「現金」を選択することもできます。これは、地合いが悪くて何もしないほうがいい、という判断のときです。銘柄が出てこないのは残念ですが、相場状況の悪いときの投資行動を考える際の参考にもなります。

話は少しそれますが、株式投資をしていると「とにかく何か買いたい」といういわゆる「ポジポジ病」にかかっちゃう人も多いですよね。「買い逃したら、上がったときにもったいない」とすぐ考えてしまう。でも、「選抜株式レース」で複数の参加者が「現金」を選択しているなら、「みんなが休んでいるなら自分も休もう」と冷静に考えられるのではないでしょうか。もちろん、「そんな相場でも上がる銘柄はある」というのも一つの考え方なので否定はしませんが、「カンニング投資」的にはみんなと一緒に休むのが無理がなくてよいかもしれません。

「選抜株式レース」では、各参加者がいつ手仕舞ったかも確認できます。レース参加者は自らサイトにアクセスして、「今日の後場で売却」といった指示を出すことが決められているからです。ただし、レースの仕組み上、始値か終値しか指定できません。たとえば、本当はその日の高値で売っていたとしても、終値で売ったことになります。エントリーについても同様で、必ず月曜の始値で買っていることになっています。買値・売値を参考にする際は、その点を若干割り引いて見る必要があります。

実例 ティアック（6803）が下がる合理的説明を読み真似て10万円の利益！

私自身が、特にウオッチしている人もお伝えしておきましょう。ツイッターのところで「さとさん」として紹介したｓａｔｏさんと、18年9月末現在、成績トップのバルバロス氏です。普段、銘柄選びで困ったり、売買する銘柄が見つからなかったりという場合は、両氏の銘柄を売買するのが「鉄板」だと思っています。

実際、この本を執筆中の「２０１８年秋季レースの第1節」には、ｓａｔｏさんが、株式併合による適正株価への調整があるという理由で**ティアック（6803）**のカラ売りを挙げていて、それを読んで私も早速エントリー。短期間で10万円の利益を実現しました。

各リーグの成績上位&支持率の高いレース参加者が挙げる銘柄を見る

では、このメルマガの活用法を説明していきましょう。簡単に言うと、レース参加者が挙げた銘柄に乗ろうということなんですが、「選抜株式レース」は参加人数が多いので、挙げられた銘柄からまた絞り込む必要があります。

絞り込む際のポイントはいくつかあります。

・プレミアリーグを中心に、各リーグの上位の人を参考にする

見るべきは各リーグで上位に位置している人です。少なくとも、私自身はそうしています。全参加者の銘柄にざっと目を通すことは必要ですが、参考にすべきは上位の人たちです。なぜかと言うと、成績が下がると下のリーグに降格してしまうので、プレミアリーグやメインリーグで下のほうにいる参加者は、一発逆転が狙えるバクチ的な銘柄を選んでくることがあるからです。

また、リーグの上位にいて「現状維持」が目標の人も避けたほうがよいでしょう。なぜなら、株主優待があったり配当利回りがよかったりで下がりにくいものの、大して上がり

図 選抜株式レース〜全日本株式選手権〜

http://www.stockrace.info/

●プレミアリーグ参加者の成績は日経平均を上回る

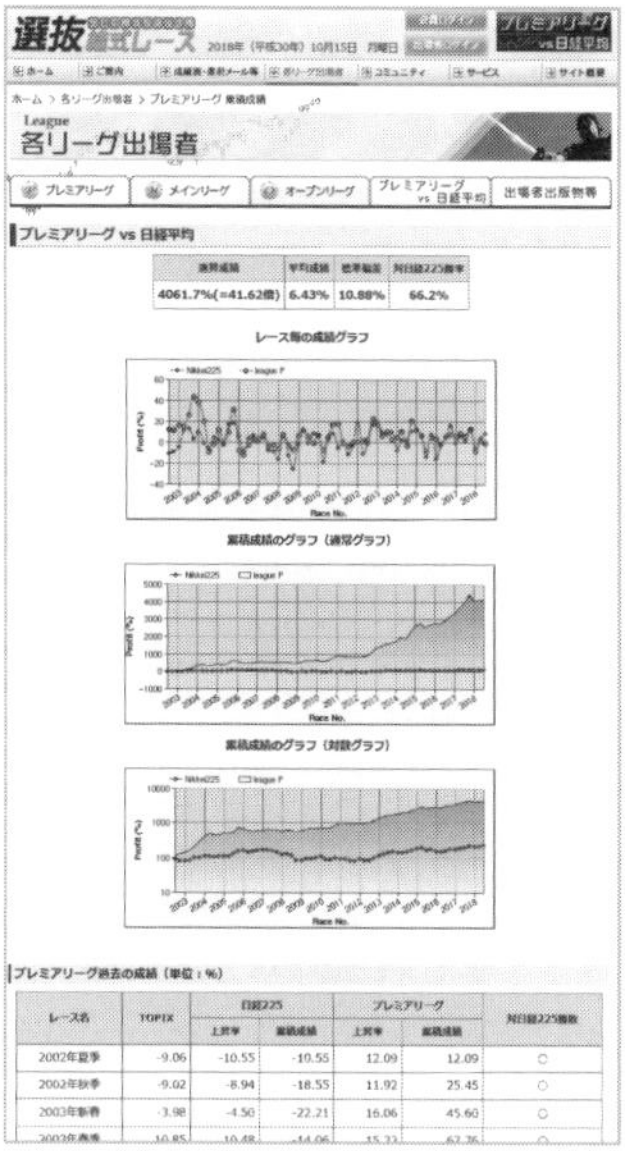

●参加者の成績を具体的な銘柄の価格と共に確認できる

もしない銘柄を挙げるケースがあるためです。そうした人に付くと儲からないので、銘柄を選んだ理由を読んで、そこは自分でしっかり見極める必要があります。

●☆4つ以上の「支持率」の高い参加者の銘柄を選ぶ

「選抜株式レース」では、レース参加者が会員からどのくらい支持されているかという「支持率」を☆の数（最高5つ）で表しています。☆の数が多いということは、すなわち成績がいいということなので、なるべく☆4つ以上の参加者の銘柄を選ぶと安心です。

●理由がしっかりしている銘柄を選ぶ

銘柄を挙げる際には、基本的に理由も挙げることになっています。1行だけサラッと書いている人もいれば、200~300文字以上を使って詳しく説明している人もいます。長けりゃいいというわけではありませんが、理由も読んで納得できる銘柄を選んだほうがよいでしょう。

●複数の人が挙げている銘柄を選ぶ

先ほども説明しましたが、たまに複数の参加者が同じ銘柄を推していることがあります。これは、安心感が増すし、実際に上がることも多いのでチェックしておいて損はないでしょう。

そのあとは、予算に応じて銘柄を決めていきましょう。たとえば、予算50万〜60万円なら、20万円程度で買えるものを3銘柄とか、そういう感じではないでしょうか。

逆に、自分がもともと買いたい銘柄があったときの「答え合わせ」的に使うこともできます。自分がいいと思った銘柄をプレミアリーグ上位の人が選んでいたら、「背中を押してくれる」ような感じで、自信も持てるし買いやすくなるんじゃないでしょうか。

「成行注文」は厳禁！　金曜の夜にNY市場が暴落したときは狙い目

「選抜株式レース」の有料メルマガ会員数は、ものすごく多いというわけではないと思います。たとえばヤフー・ファイナンスの掲示板などと比べたら、明らかに少ないはずです。とは言え、プレミアリーグの上位にいる人が挙げた銘柄が、月曜日に買い気配で始まることはよくあります。特に、決算がいいとか、直近ＩＰＯでけっこう下がってきたとか、「選抜株式レース」参加者以外でも同じような理由でその銘柄に注目している人がいれば、なおさらです。

だから、間違っても月曜の朝に成行で注文を入れるのはやめましょう。また、買い気配で始まって9時10分を過ぎても値が付かないようなときは見送ったほうが安全です。もちろん、会社員の方はその時間に相場を見ていることは難しいので、指値を入れておいてください。もちろん、金曜の終値より安く買えたらベストですが、終値から3～5%の上昇であればそこからまだ付いていけるかもしれません。しかし、10%以上、上昇した場合には、もうその銘柄は一旦諦めたほうがいいでしょう。「選抜株式レース」の中だけでもほかにいくらでも銘柄はあるわけですし、固執する必要はないと思います。

あるいは、月曜朝から一回上がってまたすぐ下がる銘柄だったら、落ちてきたところで拾うという方法もあるでしょう（もちろん、材料にもよります。瞬間風速的な材料なら再浮上しないことも当然あります）。

理想を言えば、「これなら絶対上がるだろう」と思えるしっかりした理由がある銘柄を選んでおいて、でも金曜の夜にNY市場が大暴落した影響で月曜は下げて始まる。これが、いちばんの狙い目パターンです。

ポジショントークがあっても、儲かればいいと割り切って利用しよう

最後は、利用する方が気になるポイントについて。まず、こういうメルマガを紹介すると、レース参加者は自分の持ち株の買い煽りをしているんじゃないかと勘繰る方がいるは

ずです。うーん、正直なところ、ポジショントークは入っていると見ていいでしょう。やはり、自分の持ち株が上がればいいなというのは多少あるはずです。むしろ、自分でもリスクをとって勝負している真剣銘柄だと見ることもできます。

ただ、本書の目的としては上がる株の情報に乗っかるということなので、ポジショントークが入っていることは認識しつつも、カシコク利用してやればいいというスタンスでよいのではないでしょうか。

ちなみに、私も参加者なのでわかるんですが、自分の保有銘柄を挙げたくなるのはそれで儲けようという理由からではありません。実際に売買している銘柄だからこそ、自信を持って勧めたいというのが強いですね。

また、手仕舞いのタイミングについては、ご自身で判断するしかありません。先ほど説明したように、レース参加者は手仕舞ったときには報告しますが、そもそもエントリーのタイミングが参加者と利用者では異なる可能性が高いので、手仕舞いの報告を待ってからというよりは、自分のタイミングで手仕舞ったほうがよいでしょう。

カンニング投資におすすめ　有料メルマガ❷

ａｖｅｘｆｒｅａｋのシークレットトーク

『会社四季報』の先取り情報から、ズバリ買うべき銘柄を教えてくれる！

おすすめ有料メルマガの２つめは、ａｖｅｘｆｒｅａｋさんの「ａｖｅｘｆｒｅａｋのシークレットトーク」です。

ａｖｅｘｆｒｅａｋさんは、本業は別にあって、副業トレーダーとして活躍しています。お金に関する情報を広く扱っているエンジュク（http://avexfreak.enjyuku-blog.com/）の「投資日記ステーション」では、「ａｖｅｘｆｒｅａｋのスイングトレード日記」という投資ブログも執筆。ブログのほうは無料なので、チェックしている人も多いのではないでしょうか。ちなみに、投資日記ステーションでは、私も「ＪＡＣＫ投資戦略」というブログを運営しています。

ａｖｅｘｆｒｅａｋさんのメルマガの配信頻度は週１～２回程度。購読料は３カ月で２

万9400円、1年なら9万8000円です。1年契約を月にならした場合の金額は約8200円弱なので、購読料はちょっと高めですが、その分の利用価値は十分に感じられる内容です。

このメルマガのいちばんのポイントは、『会社四季報』の先取り情報を読み解いて、その中から有望と思われる銘柄を挙げてくれるところです。

会社四季報オンラインの有料会員になっていれば、年4回の『会社四季報』の発売前に業績予想でサプライズのある銘柄などの情報を、数回にわたって得られることはご存じの人が多いでしょう。そうした先取り情報を分析して、「最も上昇しそうな銘柄」を自分で選んで投資しようと考えている人も多いはずです。もちろん、ご自身でやってそれでうまくいくなら何の問題もありません。

でも、たとえば私の場合は、自分で銘柄を分析して絞り込むための時間がなかなか取れません。慣れてくれば割と短時間でもできるかもしれませんが、ちょっと面倒くさい。だったら、avexfreakさんの有料メルマガで紹介された、イチオシの「四季報銘柄」の銘柄をそのまま買いたいと考えるわけです。

私と同じように、時間がなかったり面倒くさかったりする人、またそもそもどうやって銘柄を絞り込めばいいかわからないという人は、このメルマガを利用すれば、**手っ取り早く結論だけが手に入るというのがメリットです。**

実例　3銘柄のカンニング投資で1泊2日、4万円弱の儲け

最近、私がａｖｅｘｆｒｅａｋさんのメルマガで大きく儲けた例です。18年7月12日号のメルマガで取り上げられていた銘柄ですが、実は四季報の中の注目銘柄ではありません。具体的には**ジャパンフーズ（2599）**と**応用技術（4356）**、**オリジナル設計（4642）**の3銘柄で、ａｖｅｘｆｒｅａｋさんは「個人的には、昨日の急落相場でも強かった猛暑関連、復興関連銘柄に注目しておきたい」として、四季報関連銘柄を紹介した後で、これらをおまけ的に挙げていました。

私は、この3銘柄を7月12日の寄り付きでそれぞれ１０００株購入し、「海の日」を含む3連休の持ち越しリスクを回避しようと13日の終値付近で手仕舞いました。結果は、ジャパンフーズが１５０４円↓１５２５円、応用技術が１１５５円↓１１４４円、オリジナル設計が８７１円↓９００円。１銘柄はマイナスだったものの約3万９０００円の利益を

確保でき、avexfreakさんの分析力はさすがだと感じました。

発売前の四季報銘柄を、独自の観点でスクリーニングして絞り込み

すでに紹介したとおり、「avexfreakのシークレットトーク」では、『会社四季報』の発売前の先取り情報から独自の観点で絞り込んだ銘柄を、「四季報銘柄」として紹介しています。「四季報銘柄」が掲載されたメルマガは、年4回の四季報発売前に第1弾、第2弾、第3弾……のように毎回3～10銘柄ほど送られてきます。後述するように、四季報発売前以外にも、もちろんメルマガの配信はありますが、やはりメインはこの「四季報銘柄」です。

どんな条件でスクリーニングしているかは、実際にメルマガを読んでいただいてという話になりますが、たとえば「経常利益予想が上方修正されて割安になった銘柄」であれば上方修正の修正幅や、予想PERの上限、移動平均乖離率といった条件が設定され、その条件と、スクリーニング結果をどう考えるかという部分が、avexfreakさんの独自の部分になります。

メルマガに配信される「四季報銘柄」はかなりの数になります。そこから、さらに絞り

込んで、たとえば1銘柄か2銘柄だけ買いたい場合は、そこはご自身のフィルターを使ってということになります。ただ、資金に余裕があればすべての銘柄を買う「バスケット買い」をしてもいいかもしれません。全部が全部当たるとは限りませんが、トータルでプラスになればいいと割り切って買うのもひとつの方法です。

なお、avexfreakさんはメルマガで紹介した「四季報銘柄」に関しては、一定期間経過後にパフォーマンスの検証もしていて、それをまたメルマガで配信しています。パフォーマンスの検証があるというのは、誠実ですし、かなり自信がある証拠だし、信頼感が高いと言えるでしょう。

「四季報銘柄」が掲載されたメルマガが届いたら、人より早く買うのがポイント！

では、メルマガを利用した具体的な投資法を説明しましょう。まず、「四季報銘柄」を取り上げたメルマガが配信されるのは、多くの場合、平日の朝8時半くらいです（平日の夜の場合もあります）。ですから、配信と同時にメルマガを読める環境にいるのなら、9時前に紹介された銘柄の買い注文を入れるというのが1つめのやり方です。

四季報オンラインの会員になれば、四季報の数字がどのように変わったかという先取り情報は誰でも見られます。そのため、エントリーのタイミングが重要になってきます。業績予想が上に修正された銘柄は、基本的に買い気配で始まることが多いのですが、中には「材料出尽くし」で下がってしまう銘柄もあります。

高く始まる可能性も十分にあるので成行買いは避けて、情報が流れる前、つまり前日終値近辺で指値を入れるか、あるいは2～3％アップだったら目をつぶって買うというのがおすすめです。私だったら、仮に前日終値が1000円なら、＋10％の1100円までなら指値を入れるかもしれません（もちろん地合いなどの状況にもよります）。

また、会社員の人は難しいかもしれませんが、値動きを見ていられる環境にいるなら、一回上がってそこから下がったタイミングを狙うという方法もアリですね。場中にリアルタイムで値動きを追えなくても、昼休みなら少し時間はあるでしょうから、後場の前にチェックして「一旦上がって下がって来た」パターンに合致すれば、そこで買ってもいいと思います。

四季報の情報で儲けようと考える「四季報信者」はそれなりの人数がいますから、四季報オンラインの先取り情報が出た後の流れにうまく乗れればそれなりのパフォーマンスが取れると、これまでの経験から実感しています。

四季報先取りの時期以外も、ポジションや利食いタイミングの内容は参考になる

『会社四季報』の先取り情報から銘柄をピックアップできる時期以外にも、メルマガの配信はあります。「四季報銘柄」以外の内容では、たとえば「〇〇という銘柄は、このままだと東証1部の上場要件を満たさなくなるので、何らかの株主対策をやってくるはずでそこで株価が動くんじゃないか」など、ａｖｅｘｆｒｅａｋさんがサヤを抜くために考えたさまざまな投資法が載っています。

また、「ザラ場はこんな状況です」や「今はこんなポジションでやっています」といった、リアルタイムの状況を知らせる内容のときもあります。ａｖｅｘｆｒｅａｋさんが、買ったり売ったりした銘柄の報告も来ますね。ａｖｅｘｆｒｅａｋさんが利食ったときなどは、わざわざ場中にメルマガが届くのも親切です。

私は、ａｖｅｘｆｒｅａｋさんが何を買うのか保有しているのかは普段から興味を持っているので、「四季報銘柄」の紹介がない時期もメルマガはしっかり読んで、よさそうな銘柄であれば相乗り、つまりカンニングすることもあります。とにかく、**なぜその銘柄なのかという理由がきちんと書いてある**ところが私は好きです。

図 手っ取り早く結論がわかる！

●ａｖｅｘｆｒｅａｋさんから届くメルマガ

Enjyuku PREMIUM REPORT
avexfreakのシークレットトーク
2018年7月12日号

注目銘柄

本日の更新銘柄の中で数字が目を引くのは、ウッドフレンズ(8886)と富士精工(6142)あたりになりますが、前者は不人気業種の戸建て分譲、後者は名証２部の銘柄で出来高がほとんどない銘柄なので、どちらも買いずらい印象です。

ウッドフレンズ(8886)
7月11日の決算を受けて、19年5月期経常利益を11億から13億に修正。
20年5月期経常利益を16億、1株利益709.5円と予想。

富士精工(6142)
7月11日の上方修正（場中）を受けて、19年2月期経常利益を12.6億から16億に修正。
20年2月期経常利益を13.5億を17億に、1株利益を49.9円から267円（5株を1株に併合）に修正。

個人的には、昨日の急落相場でも強かった猛暑関連、復興関連銘柄に注目しておきたいと思っています。
ジャパンフーズ(2599)、応用技術(4356)、オリジナル設計(4642)あたりに注目しています。

ジャパンフーズ(2599)は、総合飲料受託生産で国内大手。時価総額77億。

応用技術(4356)は、四季報に「自治体の防災コンサルは洪水マニュアル改定受け河川氾濫解析がフル稼働。」とのコメントあり。時価総額33億。

オリジナル設計(4642)は四季報に「下水道分野はゲリラ豪雨や地震など災害関係案件を開拓」とのコメントあり。時価総額68億。また、今国会で成立予定の水道法改正（広域化や民間企業の参入を促すことで水道事業の経営を効率化し、水道管の老朽化対策などを行う）の関連銘柄。

『会社四季報』の先取り情報を読み解いて有望銘柄を見つけてくれる。
膨大なデータの中から結論だけ手っ取り早く知りたい時に大助かり。

あえて難点を挙げるとしたら、メルマガで取り上げた銘柄をすぐに買おうと思っていると、肩透かしを食らうことがあるという点でしょうか。銘柄名は載っているけれど、「この銘柄は○○円台でなければ買いません」「NYが下がって地合いが悪いので、売り気配なら買いを入れます」といった但し書きがつくことがあるんです。

相場が不安定なときや、その銘柄が下落トレンドにあるときなどで、まあ理由はわかりますが、「あれ？　この銘柄は紹介しているけれど、ポジションは持たないのかな？」ということもあります。ただ、読者の多くはコピートレードの方が多いと思いますので、安易になんでもおすすめしないというのは、逆に誠実ですし、有料メルマガだからこそそこは慎重なんだと思います。親切です。だから、カンニング投資的な視点としては、「なんだ、すぐ買える銘柄がないじゃないか」と思うのではなく、そこは焦らずに「じゃあ、○○円台まで下がったら買おう」と考えるのが正解でしょうね。

さらに、ａｖｅｘｆｒｅａｋさんは、売買銘柄の投資パフォーマンスもメルマガで発信されています。そのため、「答え合わせ」をして「どの銘柄に絞ればよかったのか」などを考えるのもよいのではないでしょうか。「答え合わせ」の数をこなせば、実力が付くのではないかと考えています。

カンニング投資におすすめ 有料メルマガ③

石川臨太郎の「生涯パートナー銘柄の研究」

インカム重視の手堅い銘柄&中長期でも持てる銘柄を買いたい人向き！

カンニング投資におすすめしたい有料メルマガの3つめは、「石川臨太郎の『生涯パートナー銘柄の研究』」です。

石川さんはもともと会社員で、現在は専業投資家のようです。投資歴は約30年で、このメルマガもすでに10年くらい継続して発行しています。**やはり、長く続いているメルマガには安心感がありますね。実績があって信頼されているからこそ、続いているわけですから。**購読料は3カ月9000円（税別）、1カ月当たりにすると3000円ちょっとですから、有料の中では手頃なほうだと言えるでしょう。

このメルマガで紹介される銘柄は、一言でまとめるとバリュー系です。PBR、つまり会社の資産価値に注目した銘柄を選んで、銘柄研究しています。土地などの資産をたくさん持っていて、急激に株価が上がることもない代わりに下がりにくいし潰れない企業ということですね。だから、「短期急騰」というよりは、配当や株主優待を受け取りながら中長期で保有して、下がりにくい銘柄を探している人におすすめです。

まずは、私自身がこの「生涯パートナー銘柄の研究」というメルマガでどんな風に儲けたか、私の実例から2銘柄ほどお話ししましょう。

実例 京阪神ビルディング（8818）をメルマガ掲載→即購入で7万円儲け！

1つめは、2017年9月19日の後場に配信されたメルマガで紹介された銘柄で、**京阪神ビルディング（8818）**です。膨大な含み益のある不動産の賃貸業で、どんな経済状況でも確実に利益を確保しており、4年程度の利益で現在の時価総額並みのキャッシュをバランス・シートに積み上げられる収益力の高い企業と紹介されていて、自分で発掘し、調べるには時間がかかる内容が多々ありました。

株価も手頃で、3月に株主優待もあったので（株主優待があると株価の支えになります）、メルマガを読んだその日の終値710円で100株購入。その後、10月に入ってもまだ7

００円台だったので買い増しをして、年末に９００円近くまで上昇したところで、12月28日に８９２円で売却。７万円以上の利益となりました。

２つめは、同じく２０１７年の年末年始特集号に掲載された**安田倉庫（9324）**です。保有する有価証券や賃貸不動産の含み益から考えて、同業の倉庫株に比べても割安すぎる状況であり、12月に横浜で再開発している商業施設の竣工を迎え業績の拡大が期待できること、それによって投資家の注目が集まり、先行して上昇した倉庫株の株価を追いかける可能性があるというものでした。また、過去20年以上経常利益も純利益も一度も赤字になったことがなく、収益力の高い企業であることも記載されていました。

これを読んで、私は年明け１月４日に１００５円で３００株を購入、同月30日に１１０９円で売却し、約３万円の利益を得ました。

メルマガ配信の直後にサクッと買って、翌朝の利益確定で1万〜2万円を稼ぐ

私の場合は、どちらかというと「長期」というよりは、メルマガで紹介された銘柄を買って、１日で数千〜２万円程度を稼ぐような使いかたが多いですね。

このメルマガの配信は毎週火曜の午後が多く、場中に届くというのがなんと言っても私

好みです。仕事中ですが、トイレに立ったりしてすぐに内容を見て、相場の状況と株価を確認してよさそうであれば、サクッとその場で1単元だけ買っちゃいます。そうすると、他の人に先んじることができますから。会社でデスクワークだと多少厳しいかもしれませんが、私の経験で言うとトイレ休憩でなんとかできると思いますよ。

出来高が少ない銘柄もあるんですが、メルマガが配信されると株価が動くことが少なくありません。配信されてから後場が終了する3時までに、結構上がったなということも今までに何度もありました。

それで、翌日の朝も強かったらそこで利益確定すればある程度は抜けます。大儲けではありませんが、このパターンは割とコツコツ儲けられるのがポイントです。また、翌日に上がらなかったとしても、配当が高くて株主優待がある銘柄も多いので、しばらく持っていてもいいかなという感じですね。

1つの銘柄を徹底的に研究して紹介＋補足で数銘柄をヒント的に紹介

もう少し詳しく、このメルマガ「生涯パートナー銘柄の研究」を紹介します。

メルマガで取り上げている銘柄の傾向は、先ほども言いましたがほんとに手堅いものが多い。仕手系とか直近ＩＰＯとか値動きの激しい銘柄は少なくて、老舗で配当が２〜３％以上あって、あまり注目されない代わりに大きく下がることもない、たとえば東証２部の銘柄……そういうイメージなので好みは分かれるところかもしれません。

石川さん自身も、メルマガの中によく書いていますが、50歳くらいでリタイアして、下がらない銘柄を持ってインカム中心で多少キャピタルも狙う……といったスタンスに向いています。配当と株主優待で暮らそうといったイメージに近いんじゃないかと。

メルマガでは、基本的に毎回１つの銘柄を取り上げて、企業価値に注目しながらとにかく詳しく分析しています。どのくらい詳しいかというと、とにかくメルマガが長くて１回で４００字詰め原稿用紙50枚分近くかそれ以上あるんじゃないかと思います。カンニング投資的に考えると、「難しいことはいいから結論だけ教えて」となりそうですが、**労力をかけて書いていることがパッと見てもわかって、そこも信頼感につながっていますね。**

たとえば、ある日のメルマガでは、取り上げる１つの銘柄について、自己資本比率、現金性資産、配当額の決め方（配当性向ではなく連結株主資本配当率に注目）から、事業概要、業績、短期・長期の値動き、今後の事業の展開などさまざまな方向から分析・解説しています。

メインで解説しているのは1銘柄ですが、補足的にあと5〜6銘柄取り上げることが多いようです。こちらはメイン銘柄ほどの分量はありませんが、どうして注目しているかとか、「今後の研究銘柄候補です」とか、そんなことが書いてあって、**私はメイン以外の銘柄もけっこう投資先のヒントとして活用しています。**

なお、「この銘柄を買え！」というスタンスのメルマガではないため、「この値段になったら買います」というような買値の表現はありません。私は、あくまでメルマガ配信時の株価を基準に判断しています。

石川さん自身は、業績を伸ばし続けている企業の株を、なるべく安く買うことが、株式投資で利益を上げる一番よい方法だと考えているとのことですから、基本は下値で買うのが理想です。もちろん、配信時に今の株価が割安というような記載があって、ご自身でも納得できれば、メルマガ配信時の価格で打診買いから購入するのもアリだと思います。

自分でスクリーニングはできても、買いたい銘柄をピンポイントで絞り込みは難しい

ところで、正直に言うと私はこのメルマガはずっと続けて読んでいるというわけではありません。購読している期間もありますが、途中でやめたりまた取るようになったり、実

図 中長期向けの優良銘柄を厳選してくれる！

●「生涯パートナー銘柄の研究」から届くメルマガ

□□

＝＝＝＝＝＝＝＝＝＝＝＝＝＝＝＝＝＝＝＝＝＝＝＝＝＝＝＝＝＝＝＝＝＝＝

－－－－－－－－－－－－－－－－－－－－－－－－－－－－－－－2017/09/19－

石川臨太郎の「生涯パートナー銘柄の研究」

－－－－－－－－－－－－－－－－－－－－－－－－－－－－－－－－－－－

＝＝＝＝＝＝＝＝＝＝＝＝＝＝＝＝＝＝＝＝＝＝＝＝＝＝＝＝＝＝＝＝＝＝＝

億の近道の大人気執筆者、石川臨太郎が皆様へお贈りするメールマガジンの第450回目です。週に1回（火曜日）配信いたします。
なお、この有料メルマガの売り上げの一部は、億の近道の発行運営に活用されます。
どうぞよろしくお願い申し上げます。

□□

◆Contents◆

◇研究銘柄　京阪神ビルディング（８８１８）
◇コラム　今年の利益の３割を現金化して大半を証券会社の外に退避させた

□□

◇研究銘柄　京阪神ビルディング（８８１８）

本日は、１９４８年（昭和２３年）創業の京阪神ビルディングを研究銘柄として取り上げます。

京阪神ビルディングは「安全で快適な事業用空間を提供し、行き届いたビルマネージメントにより顧客満足度を高めること」を事業方針とし、さらに価値の高い施設の提供と質の高いビル運営を目指して経営努力を積み重ね成長してきました。

京阪神ビルディングは、膨大な含み益のある不動産の賃貸業で、どのような経済状況であっても確実に利益を確保して、４年程度の利益で、現在の時価総額並みのキャッシュ（注）をバランス・シートに積み上げることができる安定して高い収益力を持っている企業です。

注）より正確に説明すると、現金性資産の増加＋有利子負債を含めた負債総額の減少の合計が時価総額並みになるという意味です。

しかし５年間の株価チャートで確認すると、株価は２０１５年６月に付けた高値から大きく下げてリバウンド中で、事業価値や資産価値から考えて、まだ非常に割安な水準にとどまっています。

https://www.nikkei.com/nkd/company/chart/?type=5year&scode=8818&ba=1&n_cid=DSMMAA13

もし今年の１２月までに日本株に大きな調整が発生しても、安心して投資したままにできる企業だと判断しています。

有料メルマガ「生涯パートナー銘柄の研究」の一部分。98ページで紹介した、「京阪神ビルディング」を取り上げている号。

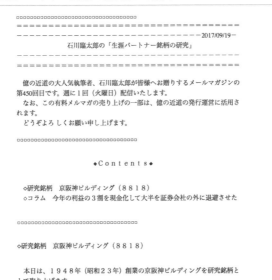

はそんなことを繰り返しています。

メルマガ購読をやめる理由は、石川さんのメルマガを読んでいくうちに、メルマガで取り上げている銘柄分析の考え方について、徐々に自分でもわかるようになってきたからです。

自己資本比率がこうだからどう評価するとか、保有する現金性資産がこのくらいだったらどうだとか、ＰＢＲ１倍以下の銘柄をどう選別するかとか、石川さんが考えるいい銘柄選びの「公式」を覚えられたという言い方もできるかもしれません。カンニングをすすめる本書としてはちょっと真面目な話になりますが、メルマガを読んで基本的なことを再度勉強できたという思いもあります。

このメルマガの中にも、「必ず自分の眼で確認する癖をつけてください」と書いてありますからね。本書の趣旨とは異なりますが、「門前の小僧」じゃないですが、メルマガを読むこと自体が勉強で、読んでいるうちに学べることがあるのは間違いないと思います。

「生涯パートナー銘柄の研究」で取り上げるようなＰＢＲが低い銘柄は、ネット証券などのスクリーニング機能を使えばいくらでも絞り込めます。さらに、配当利回りの条件を入れれば、低ＰＢＲで配当利回りが高い銘柄も簡単にわかります。

でも、ＰＢＲは低けりゃいいのか、配当利回りは高ければなんでも買えるのかというと違いますよね。

爆上げはしなくても下がらず、そこそこ配当がもらえて、安心して持っていられる、という銘柄を自分で見つけるのは面倒です。だから、石川さんが詳細に企業分析をして「今はこの銘柄」と考えたものをカンニングするのがいいんじゃないか、ということです。

では、再びメルマガを購読する理由は、キャンペーンで安く購読できるという案内メールが来ることがあるからです。そのときに、たまたま地合いが悪くて、「こういうときに買えるいい銘柄がないかな」と思い、自分で探す時間の短縮を含め、再び、メルマガから教えてもらうわけです。

Column

「一般口座」を選べば、有料メルマガ代は経費にできる！

このパートでは、カンニング先におすすめの有料メールマガジンを紹介しましたが、「有料」に抵抗がある人もいるかと思います。「儲けたくて株をやってるのに、そこでまたお金が出ていくのはイヤだ」といったところでしょうか。わからないでもないです。

でも、有料メルマガの情報を基に実際に取引してみると、メルマガ代くらいの利益はすぐに出ることがほとんどです。そうなったら、あとの期間はただでメルマガの情報が読めるわけですから、やってみてもいいんじゃないかと思います。むしろ、無料であっても役に立たないメルマガの情報を読むほうが時間と労力のムダでしょう。

実は、メルマガ代は経費にすることもできます。経費にするというのは、つまり株式投資で儲かった金額からメルマガ代を引けるという話です。

経費にするには、証券会社の取引口座で原則、「一般口座」を選択する必要があります。「一般口座」を選ぶと、自分で確定申告をしないといけませんが（「特定口座（源泉徴収なし）」でも確定申告は必要です）、その代わりに経費も計上できるんです。この本で紹介したような株式関連のメルマガ代のほか、株式投資をするために購入した書籍代や株式新聞代、また参加した株式セミナーの費用、さらにきちんと按分することが条件ですが、パソコン代も計上可能です（株式投資に使っている割合と、それ以外の使用割合で按分します）。

一般口座なら経費計上が可能という話は、ご存じの人も多いとは思いますが、証券会社は「特定口座（源泉徴収あり）」を勧める場合が多いので、知らない人もいるかもしれません。

あと、「源泉徴収なし」にしたほうが、税金分も投資に回せるので（確定申告のときに税金をまとめて払うので）、申告の手間はかかりますがそのほうが得だし資金効率はいいですよ。確定申告の手間は惜しまない、という人は検討してみる価値は十分にあると私は思います。

なお、税務署や担当者によっては、経費を認めてもらえないという話を聞くことがあります。その際は、国税庁の通達をもとにご自身で交渉するしかありませんが、交渉に自信のない方やきちんと帳簿を付けていない方の場合は、難しいのでオススメできません。

通達の内容とは、「措置法第37条の10《一般株式等に係る譲渡所得等の課税の特例》」の「株式等の購入費用」に関するもので以下のとおりです。

37の10－10　所得税法令第１０９条第1項第5号に規定する「購入のために要した費用」とは、株式等を購入するに当たって支出した買委託手数料（当該委託手数料に係る消費税及び地方消費税を含む。）、交通費、通信費、名義書換料等をいう。

この内容は、必要経費の定義ではなく、株式の購入費用は何かというものですが、交通費や通信費も含まれると確かに書いてあります。交通費や通信費を支出した動機が「株で儲ける」ことであり、例えば、株式投資セミナーへの出席のための交通費など、利益を得られると期待していなければ支出しなかった費用であれば、それは株取引のための経費として考えるのに十分ではないでしょうか。

特別インタビュー　v-com2さん

「カンニング先」であるツイッターやブログを書いているのは、多くの個人投資家です。私も含めて、なぜわざわざ有益な情報を発信するのでしょうか。どうせアフィリエイト目的だろう、自分の保有銘柄の買い煽りだろう、自分に得がなければわざわざ情報発信するのはおかしい、何か裏があるはず……といった声や、いい加減な情報なんじゃないの？　何か特別な情報源を持っているのか、など疑問を持つ人もいるようです。

私は、多くの投資セミナーや投資家のオフ会などに出ていて、私が「カンニング先」に活用している投資ブロガーの方にもたくさん会っています。そして、顔を合わせて話したり、また人によってはネット上のやり取りだけですが、彼らが至極真っ当であることも知っています。

しかし、投資セミナーはともかく、わざわざ投資関連のオフ会

v-com2
マネー誌やブログでおなじみの人気個人投資家。2007年から投資ブログ「21世紀投資」を運営し、「ダイヤモンドZAi」や「日経マネー」などにもたびたび登場。株主優待の新設や、株式分割などの情報から、東証1部への昇格を予測して先回りする手法などを得意としており、幅広い個人投資家から大きな支持を得ている。ブログ1万PV／日、著書に『昇格期待の優待バリュー株で1億円稼ぐ！』（すばる舎）、『運、タイミング、テクニックに頼らない！　最強のファンダメンタル株式投資法』（ダイヤモンド社）。

に出て、投資ブロガーと話す機会がないという個人投資家もけっこういるでしょう（前の章で触れたとおり、フェイス・トゥ・フェイスの交流は「カンニング投資」法としてもおすすめです）。

そこで、読者に代わって著名な投資ブロガーの一人で、私自身も「カンニング先」として普段から活用しているブログ「21世紀投資（https://ameblo.jp/v-com2/）」のｖ－ｃｏｍ２さんにご登場いただき、情報発信をする理由や、ｖ－ｃｏｍ２さん自身の情報収集や情報活用の方法について、詳しく話を聞きました。

どこまで成長するか
——大谷翔平を応援するのと同じ気持ちで新興銘柄を応援

——ｖ－ｃｏｍ２さんのブログ「21世紀投資」について教えてください。

株式投資の中でも、株主優待と企業価値（バリュー投資）に注目したブログです。特に、東証１部昇格に向けた動きに投資するのが好きなので、そういった銘柄に関しての財務分析・企業分析などをしています。

ブログを開設したのは、投資を始めて2～3年経った07年頃からです。長めの記事が多いので、大体1回の記事に1時間以上かけています。ただ、短い記事なら10分程度ですし、毎日書いているわけでもないので、たいへんだとは思っていません。有料のメルマガなどのお誘いを受けたこともありますが、お金を取ると義務感になってしまうのでそこまではやりたくないですね。

財務分析については、投資の場合、過去の決算をどう読み込んで未来への投資に生かしていくのかが重要だと考えています。会計の専門家には、過去の決算の意味を把握する能力はありますが、それは未来への投資とは別物です。だから会計の専門家だからと言って上がる株がわかるわけではないと思っています。

正直なところ、私自身はそんなに細かく財務分析をやっているわけではありませんが、苦労しながら「過去の決算」と「未来への投資」のギャップを埋めてきたつもりではいます。

――自分の投資手法や投資内容をブログで公開する理由を教えてください。

一言で言うと、「楽しいから」です。また、私の感覚としては不特定多数に向けてというより、自分の頭を整理するために自分自身に向けて書いている感じですね。

最近になって私のブログを知った人には、「何のためにやってるんだ」「自分の利益のためじゃないか?」と言われることもたまにありますが、昔から変わらない感覚でやっているつもりです。

「楽しい」というのは、私だけでなく他の多くの投資ブロガーさんも一緒ではないでしょうか。「楽しい」という理由の他には、自己実現や自己表現として情報発信しているのではないかと思います。ただ、周囲の人はどうしても「何か別の目的があるんじゃないか」と思うようですね。

「楽しい」をもう少し説明すると、たとえば大谷翔平選手が二刀流で活躍するのを見ているとワクワクしますよね。これからどんな活躍をするのか考えたり、成長のプロセスを見守ったりするのは楽しいことです。大谷選手の話はあくまで一例ですが、要するに応援すること、成長を見守ることは損得にかかわらず楽しいと思います。

私の場合、株式投資の投資先がそれに近い存在です。特に私は、無名な企業が成長し、まずは株式市場の中で有名になっていくプロセスを見ること、そしてそうした企業に投資するのがすごく好きです。応援したくなります。そんな企業を発掘できて、自分の読みが当たって成長したり東証1部昇格を果たしたりすると、それを誰かに話したくなります。ただ、周囲に株式投資の話をする人はいないので、ブログで文章にしています。その積み重ねが、自分の投資の振り返りになり、もはや私のライフワークにもなっています。結果として、それが誰かの役に立つのであれば、それ自体うれしいことでもあります。

――アクセス数は気になりますか？

利用しているブログサービスの機能でアクセス数の推移が見られるので、たまにどういう記事が見られているのかといった傾向をチェックすることはあります。ただ、特に「アクセスを増やそう」としていることはないですね。また、年齢に関するデータはまったくありませんが、なんとなく30～50代の方が多いような気がしています。

アクセス数が多くなるのは、盛り上がっているテーマを取り上げたときでしょうか。たとえば、17年はRIZAP関連の銘柄が注目される時期があり、関連銘柄の記事を書くとアクセスが増えました。私のブログ記事のURLをヤフー・ファイナンスの掲示板やツイッターなどにリンクを張る人もたまにいて、それもアクセス数増加につながったと思います。

あと、アクセス数が特に増えるのは、相場が大暴落した日です。暴落した原因に特に触れた記事でなくてもアクセス数は増えるので、みなさん、暴落で不安になると他の人はどうしているのかが気になるんでしょうね。

他の投資家ブロガーさんのことは特に意識していません。ブログを始めてマネー誌にも少しずつ載るようになった頃には、他の人に勝ちたいと思ったこともあったかもしれませんが、今は「自分は自分、人は人」という気持ちです。

――ブログを書く上で、ご自身で決めているルールはありますか?

もともとは、特にルールはありませんでした。前向きで面白いネタがあったときなど、書きたいことを書きたいときに記事にしていました。ただ、ブログに知名度が付いてきてからは少し考えるようになりました。

銘柄について詳しく書いて「買い煽り」と言われたこともあるし、流動性の低い銘柄だったりすると今の私の記事は株価に影響を与えてしまうこともあるからです。最近はあまりありませんが、ブログを書いた後に株価が乱高下してクレームにつながったこともあります。そこで今は、たとえばリアルタイムで紹介せずに、しばらくしてから月末に公表する、目立たないように少しだけ紹介するといったことも試しています。

ブログで紹介した銘柄をいつ手放したのかといった、売りに関することも直接的には書いていません。以前、コメント欄で聞かれて「その銘柄は債務超過になったので危ないのではないでしょうか」と書いたことはあります。でも、コメント欄で売りどきまで聞かれることはそんなにはないですね。

また、ルールではありませんが、他の人が誰も触れていないような銘柄は紹介したくなりますし、自分の思い入れが強い銘柄は登場回数が増える傾向にあります。

専門知識と労力を注いで企業分析などをして、その結果をブログで無償公開するメリットはどこにあるのか？

いちばんのメリットは、やはりこれも「楽しい」ということに尽きます。

私の場合、財務関係に関する基礎知識は大学時代から積み上げてきたものです。投資を始めたときには、それが基礎力としてかなり役立ちました。銘柄の企業分析をブログに載せるときには、まず自分がしっかり理解できていないとダメなので、記事にまとめることで自分自身の理解が深まるのもメリットだと思います。

また、ブログを続けていく中で、自分にとっては当たり前の知識や経験が、読み手には結構役に立つことらしいということを感じ始めました。

自分が持っている知識と経験が他の人の役に立つらしいと感じ始めてからは、個人投資家のレベルの底上げにつながればいいという気持ちも持っています。

あと、ブログを書き続けてきたことで、マネー誌などの取材を受けたり自分自身の投資法や考えをまとめた書籍を出せたりというのも、誰にでもできることではないので、副次的なメリットであり、うれしいと感じています。


――逆に、ブログを続けていてデメリットを感じることはありますか？


最初のうちは、楽しんでやっているだけだったので特にありませんでした。でも、ブログが知られるようになってきてからは、先ほどもお話ししたとおり、書きたいことを自由に公開できなくなってきたので、それはデメリットかもしれません。

今は、ブログで何か銘柄を取り上げると、その銘柄の株価が反応するというのは自覚しています。書いた翌日に明らかに成行買いの注文が増えていることもありますが、私自身はそれを好ましいことだとは思っていません。人によっては、それを利用して儲ければいいと思うかもしれませんが、自分がブログに書いた銘柄の成行買いに、保有している銘柄をぶつけて利益を得るようなことをしていたら自分がダメになってしまう危機感があるので、そういうことはやりません。それをやると運も逃げてしまうと思います。

でも、ブログに書いたことで株価が動く影響を避けようと、自分で想定していた材料が実現して株価が上がったことを後から記事にすると、今度は「後出し」と言われることもあります。このような雑音で心が乱されることはデメリットです。無視すればいいのでしょうが、慣れるまでは影響を受けましたし、楽しんでやっていることを否定されているようで残念です。

ブログの読者からの反応で、うれしかったこと、不快だったこと

コメント欄やメッセージで、かなりの人数の方から前向きなメッセージをもらっていて、それはうれしいことですね。たとえば、「自力で銘柄を探すきっかけになった」とか、「株

式投資に対する向き合い方が変わった」など。

私が、ブログを続ける理由のひとつに、投機ではなく投資をする個人投資家が、中でも特に若い人が増えてほしいという思いがあります。日本はマネー教育が遅れていると言われますが、マネーの知識は学校で教えてくれないので、自分で勝手に学び取る必要があると思っています。私のブログでも、自分なりに勉強して考えて、実際に行動してほしいというメッセージはたびたび記事にしています。

自分のブログが、他の人の投資スキルの底上げにつながったと実感した経験も何度もあって、それもうれしかったことです。具体的には、ブログのコメント欄で以前、質問やメッセージをくれていた人がいて、その人のツイッターをたまたま見たら、だんだん自分の考えを持って自力で銘柄を発掘できるようになっていました。そういう方が何人もいて、私が「これはいいんじゃないか」と思った銘柄を検索したら、私のブログのコメント欄で見かけた人が、同じタイミングで同じ銘柄に注目していたこともありました。逆に、ただ「儲かるようになりました」と言われても、うれしいとは思わないです。


——では、読者の反応で不快だったことは？　私（JACK）はコメント欄で難癖をつけ

られたことがあって、今はコメント欄を承認制にしていますが。

市場全体の暴落時にありがちですが、「投資は自己責任」という原則を無視した暴言をブログのコメントやメッセージで浴びせられたことです。暴落時は、自分の保有株も下がっていることが多いので、そういうときにさらに暴言を浴びせられると非常にツライです。暴落時に、私がブログで自己責任を強調すると責任転嫁しているように受け止められることがわかったので、今は普段から、あるいは相場が好調なときほど、自己責任で向き合う覚悟が必要だと定期的に発信するようになりました。

一時期は公開できないようなコメントもありましたが、最近は減ってきました。ひどいことを書くのは恐らく１００人にひとりとか、そういうレベルだと思いますが、以前はそういう人がいると「みんなもそう思っているのでは」と被害妄想的になったこともあります。今は無視できるようになりました。

私のブログに限ったことではありませんが、誰かのブログを参考に投資をして、結果的に損をした場合に、自己責任の大原則を放棄して相手を非難するのは、投資家として未熟で恥ずかしい行為です。軽蔑の対象になるというくらい重くとらえて、自省してほしいと思います。

あと、不快とまでは言いませんが、コメント欄で私がまったく注目していない銘柄について単に「この銘柄をどう思いますか」と丸投げして書いてくるような人はどうかなと思いますね。せめて銘柄の魅力について書いてほしいです。また、同じ質問をコピペしてあちこちの投資ブログで同じ質問をしている人もいるのですが、それもひどいですよね（苦笑）。

v-com2さんの銘柄や投資の情報入手先は？

定期的な情報収集は、基本的には適時開示情報と会社四季報を見ています。詳しく調べる際には企業サイトのＩＲページなどを見たり、ヤフー・ジャパンの「リアルタイム検索」で銘柄名で検索をかけたり、ヤフーの掲示板を覗いたり、目当ての銘柄のアナリストレポートがないか探したりと、とにかくいろいろなことをしています。他の人は知らない、秘密の情報源などはありません（笑）。

他の投資家ブロガーさんのブログは、今は定期的にあちこちを覗くくらいですが、投資を始めた最初の頃はみきまるさんの「みきまるの優待バリュー株日誌」（https://plaza.rakuten.co.jp/mikimaru71/）をよく見ていました。みきまるさんは、株主優待銘柄を中心に、PERやPBRなどの指標も見ていて、当時の自分の投資法や価値観がいちばん近かったからです。

みきまるさんの過去の記事を読んで、どういう基準で投資しているのか、どんな投資哲学を持っているのかを勉強しました。「株主優待の価値をファンダメンタルの一部としてとらえる」という私の考え方は、みきまるさんの影響を受けたものです。

ある意味では、私も最初の頃はみきまるさんのブログを「カンニング投資」していたと言えるかもしれません。ただ、みきまるさんのブログの記事にある銘柄をそのまま買うというよりは、記事を参考に自力で同じような投資基準で銘柄を見つけるにはどうしたらいいのかを考えていました。その後、私のほうは徐々に「昇格投資」をメインに考えるようになったため、みきまるさんのブログからは離れていきました。

――ツイッターでの情報発信はされていないとのことでしたが、情報収集にはツイッターを使っていますか？

ツイッターも見ることはありますが、私の場合は、そこから銘柄発掘につながったことは数えるくらいしかありません。文字数が少ないので得られる情報は限られるし、見始めるとどんどん時間が経ってしまうし、他人の意見にも左右されてしまうので、私には向いていないのかなと思っています。

ただ、適時開示や四季報をチェックしていて気になった銘柄を検索することはあります。その際は、先ほども挙げたヤフー・ジャパンの「リアルタイム検索」機能を使います。リアルタイム検索だと、ツイッターやフェイスブック、インスタグラムの投稿をまとめて検索できるのが便利です。また、ヤフー・ファイナンスの掲示板でも、気になる銘柄名で検索することはよくあります。

私の場合、できるだけ他の人が注目していない、不人気な銘柄を見つけて投資したいというのがあるので、検索してまず見るのはその銘柄について話題にしている人がどのくらいいるかということです。あまり多くの人が話題にしていないほうがいいわけなので。

もちろん、検索した銘柄について分析している人がいれば内容を見て、「ああ、こういう考え方もあるんだ」というように、自分の考えと照らし合わせることはしています。勉強になることも多いですね。後で取り上げる「クワザワ」のときもリアルタイム検索しましたが、そのときは以前、私のブログのコメント欄によく書き込みしてくれていた人が「クワザワ」について書いているのを発見して、それはうれしかったですね。

――この本の読者に向けて、ツイッターや投資家ブログで集めた情報のオススメの活用法を教えてください。

短期投資なら、ツイッターやブログで見つけた銘柄に飛び乗ったり飛び降りたりという投資法もアリかもしれません。が、中長期投資を考えているなら、よさそうな銘柄を見つけてもまずはすぐに飛び乗らないことですね。高値づかみになる可能性も高いですし。

参考になるブログやサイトを見つけたら、リアルタイムの情報に飛びつくのではなく、3カ月から半年くらいは遡って過去の記事を読んで、その中から銘柄を探してみることをおすすめします。中長期で本当に有望な銘柄なら、中身が変わっていなければ、3カ月経っても有望であることに変わりはないと考えるからです。たとえば、一度乱高下して、誰も話題にしなくなった頃に、そっとその銘柄を買ってみるのもいいと思います。

また、投資初心者で自分に合う投資法がまだよくわからない段階であれば、まずは多くの人のブログなりツイッターなりを見て、さまざまな投資法に触れてみること。そして、その中から、自分が実現したいと考える投資法に近いことをやっていて、しかも長期的に結果を出している人に学ぶのがおすすめです。だんだん自分に合ったやり方がわかってきたら、少しずつオリジナルの投資法にしていくのがよいのではないでしょうか。とりあえず、最初から一人に決めたり、その人を信じすぎたりしないほうがよいと思います。あまり一人に心酔すると、うまくいかなかったときに勝手に裏切られたような気持ちになるからです。

もうひとつ、私の話をすると、過去に全体相場が暴落したときには、いろいろな人のブログを見ることがよくありました。暴落した機会に新規の銘柄を見つけて投資しようと考えるんですが、自分ひとりだと不安なので、他の投資ブロガーさんの何カ月か前の記事を見て自分が考える銘柄と照らし合わせることで、前向きな気持ちになることができたので、そういう活用法もあると思います。

v-com2さんの投資手法について、どんな銘柄に注目するのかというところから、実際の銘柄例を挙げて教えてください。

私が得意としている投資手法は、東証1部への昇格を狙っている地方上場の銘柄に早い段階で目を付けて、先回りして投資することで大きな利益を得るというものです。

この手法に当てはまる銘柄で、実際に私のブログでも紹介した**クワザワ（8104）**を例に説明したいと思います。

建設資材や土木資材を扱う商社のクワザワに一番最初に目を留めたのは、16年9月にQUOカードの株主優待を新設すると発表したときです。当時は、札幌証券取引所の銘柄でしたが、実はそのときはあまり詳しく調べませんでした。理由は、株主優待の利回りも特に高いわけではなく、もしかしたら東証行きの可能性もあるとは思いましたが、でもまだすぐではないだろうと思ったからです。いずれ東証1部を目指すとしても、仮に3年後だとしたら時間的な効率を考えるとそれほど魅力的とは言えません。

その後、18年になって東証2部に行くことが発表されて、発表直後は1日ストップ高でした。ただ、18年1、2月の暴落の時期と重なったことから、その後は株価が下がってきました。そして、暴落のタイミングで何か買いたいと探していたときに、改めてクワザワに注目して買ったというわけです。

札証から東証2部に昇格した場合、東証2部止まりということは考えづらく、近い将来の東証1部昇格も見込まれます。東証2部への昇格を知ったときには、正直なところ「もっと前に買っておけばよかった」とも思いましたが、会社の中身を見ていくと、その時点ではまだPBRもPERも割安放置の状態でした。特に、私はPBRを重視していますが、0・5〜0・6倍程度だったので、一度はストップ高を付けましたが、今後東証1部に行く過程ではもっと人気化して、数段の上げがあるのではないかと考えました。

建材商社というどちらかというと地味な銘柄ですが、私は業務内容からは人気化しない会社が好きなので、その意味でもクワザワは注目でした。18年3月期は減益予想でしたが、会社のサイトにあった東証2部上場時のインタビュー動画を見たら、減益は一過性のもので来期は増益に戻るだろうということを言っていたのもよかったです。減益が理由で株価がさえないけれど、次の期には増益が見込めるというのはいちばんいいパターンなので。ブログにも書きましたが、3月の権利確定前に株主優待狙いで、権利落ち後には中長期狙いで買いました。

その後、5月の決算発表では今期が増益予想と出て、また同時に株式分割と優待の実質拡充も発表されたので、最高の発表をしてくれたと思います。

——ご自身のブログでは、クワザワをどのように取り上げましたか？

私のブログの読者であれば、私が地方市場から東証2部に昇格した銘柄が好きだというのは知っていると思いますし、クワザワに興味を持つことも容易に想像できたのではないかと思います。なので、ブログでは「答え合わせ」的な意味で簡単に紹介しました。先ほどお話ししたとおり、18年前半は相場が非常に荒れている状況だったので「私はいつも通りのことを継続しています」ということを伝えたかったというのもあります。

読者に買いを推奨しているつもりはありませんので、3月末になってから3月は札証から東証2部に昇格したクワザワを狙っていたことを書いて、あとは2部昇格時のインタビュー動画のリンクを貼ったぐらいです。詳しい解説は載せず、興味があれば自分で調べてね、という感じですね。

ブログの読者からは、「面白そうな銘柄ですね」とか「自分も検討してみます」といった反応がありました。また、［株式分割＋優待拡充］の発表で急騰した後に、某有名ブロガーさんの「買っておけばよかった」という記事を目にしました。

私自身は、株式分割まで予想していたわけではありませんが、確実に1部に昇格するために株主数を増やす目的で、株式分割や優待拡充をする会社に遭遇することは多いですね。私のブログの読者には、「そういうことが起こりやすい分野に投資している」というのを正しく理解してもらえたらと思っています。逆に、「v－com2さんの銘柄は必ず上がる」といった誤解はしないでほしいですね。

――クワザワについては、中長期で保有し続ける予定ですか？

銘柄によっては、もちろん何倍にも上がることもあります。ただ、クワザワはどんどん右肩上がりになるような会社ではないと思っています。1部昇格がひとつのゴールになるのではないかと想定しています。

自分で銘柄探しや分析が苦手な人が「カンニング投資」で儲けようとすることについて、どのように考えますか？

株式投資の最初の段階としては、「カンニング」も悪くないかもしれません。銘柄発掘のきっかけとして使うなら、実際に楽だと思うし、それが効果的な時期も一定割合はあると思います。ただ、他人が発掘した銘柄を自分できちんと検証するのと、単に銘柄を真似するだけでは、将来的に大きな差が出てくるんじゃないでしょうか。

「有望な銘柄さえわかれば儲けられる」という発想は、とても危険だと感じます。過去には、有名な個人投資家が何人も主力投資先としていた銘柄が、大暴落してしまったことが何度もありました。そんなとき、有名な投資ブロガーが何人も買っているから間違いないと全力買いしていたのに、と嘆いている「カンニング投資」の人を毎回目にしました。だから、他人に頼るだけでは絶対にダメです。何が起こるかわからないのが株式市場ですから。

また、相場環境は変化するものです。自分で考えることをしないで他人に頼ることに慣れてしまうと、将来的に困るのはその人自身なんじゃないかと。他人の方法を真似してもうまくいかなくなるときも来ると思います。そのときに、なぜ以前はうまくいったのに、今はうまくいかなかったのかというのを自分で考えることができないと、その後の成長につながりません。

少なくとも、誰かのツイッターやブログに書いてあることを、ある程度理解した上で「カンニング」してほしいですね。そうではなく銘柄だけ見て乗っかっていると、私がよく使う言葉なんですが「握力が足りない」状態だと思うんです。信じてその銘柄を買ってるはずなのに、よくわかっていないからちょっと下がっただけでもう手放してしまう。

15年に私は1冊目の書籍を出版しましたが、その直後にチャイナショックが起きてしまって、読んでくれた人の中には「昇格期待銘柄を買ったら暴落して大損した、損切りした」と嫌味を言ってくる人がいました。でも、もしあそこで続けることができれば、その後3年間はけっこういい思いができたはずです。軽い気持ちでカンニングして株価だけしか見ていないと、どういう投資をしているのかがわからないから続けること自体ができないのではないかと思います。

――通用する投資手法というのは、だんだんと変わるものですか？

昇格期待銘柄に投資する手法で言えば、手法が広まったこともあって、昇格を織り込むタイミングが以前より早くなっていると感じます。その銘柄の情報が知れ渡って、みんなが真似するようなタイミングで買ったのでは遅いということが多くなりました。「確実に」「短期に」昇格が見込まれる銘柄を買っても損する可能性が以前より高くなったと感じます。にもかかわらず、いろいろなブログや掲示板の書き込みを見ていると、いまだに「昇格発表さえすれば絶対に上がる」と思っている人がいますが、それでは対応できません。

特に最近増えているのが、立会外分売の発表時に併せて「この立会外分売の目的は1部昇格の条件を満たすためです」という開示を出す企業です。そこまで知れ渡ったら、もう織り込み済みだと考えるべきなのに、そこから買いに行く人がまだけっこういます。そして、案の定、昇格発表の翌日に暴落してしまう。

そんなとき、自分で考えられる人ならば、「確実な段階になってから買うのでは織り込み済みということなら、まだ不確実な段階で買おう」など、自分でいろいろな工夫ができるはずです。しかし、他人の情報に頼っているだけの人は「昇格投資ではもう儲からない」と言って去っていきます。それではいつまでも成長できないし、継続的に儲けることもできないでしょう。

この考え方自体は、他の投資手法にも当てはまると思います。「昇格発表があれば上がる」のように、ある一点しか見ていない人はその後の変化に対応できないし、投資の幅も広がりません。

どこかのブログやツイッターで見た銘柄を真似するだけではなく、その銘柄の魅力を自分なりに検証して、株価を継続的に観察しながら経験を積んで、自分に合った方法が何なのかを探していってほしいと思います。真似をしてほしいのは、表面的な銘柄ではなく、成功している人の投資に対する考え方のほうです。繰り返しになりますが、そうでなければ成長できないし、成長できなければ永遠に独り立ちもできません。もちろん、最初からは難しいと思いますので、徐々にでも全然構わないと思います。

あと、投資は「200パーセント自己責任」ということはぜひ意識しておいてください。正直、100パーセントでは生ぬるい。私だけでなく他の投資ブロガーさんも同じだと思いますが、カンニング先を「正解」を教えてくれる人だと勘違いしないでほしいと思います。株式投資はやはり不確実な世界であり、誰もが自己責任であることを覚悟して現在進行形で投資と向き合っているからです。

最後に、これからもブログでの情報発信は続けていきますか？

投資を続ける限りはブログも継続すると思います。自分の投資成績が落ちればモチベーションが下がりはしますが、もしそんなことがあっても続けるんじゃないかと思います。なぜなら、ブログを書くことはやっぱり楽しいし、私にとって「ライフワーク」と言えるものだからです。本名とは違う「ｖｉｃｏｍ2」という、「もう一人の自分」が存在していると言ってもいいかもしれません。以前、コメント欄で暴言を吐かれて、そのときに「何か言われるのがイヤならやめろ」と書き込まれたことがありますが、ライフワークですから簡単にやめることはないですね。

決算や昇格に関連する情報は、いいネタがあればこれからも出すかもしれません。ただし、個々の売りどきは私にはわからないことなので、「いつ売ったらいい」といったことはこれからも書かないと思います。仮に、自分が売ったとしても、記事が株価に多少の影響を与えると思われるようになってからは、特に売りのことは書きにくくなりましたので、しばらく経ってから書くことが多くなってしまいました。また、私が売った後に何倍にも上がった会社もたくさんあります。

投資ブログなどでは「推奨」という言葉がよく使われますが、自分のブログ記事で他人に買うことを「推奨」しているつもりはないです。私は、「この銘柄にこんな魅力を感じています」ということを書いていて、それが「今買えば儲かる」ということとイコールではないということは、知っていてもらいたいと思います。

PART 2
ずるいワザ編

知っている人だけがトクする
〝八百長〟の世界が株にはある！

まるで「八百長」、知っている人だけが儲けられる「ずるい」投資ワザ！

「ずるい」と言っても、もちろん違法でもインサイダーでもありません。私が実際に経験していて、安心して真似してもらっていい投資ワザばかりです。では何が「ずるい」のかというと、知らない人からすると「そんなこと知らなかった、ずるいじゃないか！」という内容だからです。

株式投資の世界では、「知っている」と「知らない」の違いだけで利益に大きな差が出ます。たとえば、株主優待のクロス取引（優待タダ取りワザ）などはその最たる例でしょう。

優待投資の初心者の中には、株主優待をもらったはいいけれど、権利落ち等で優待品の価格以上の株価下落を浴びている人が少なくありません。「優待で狙っていた5000円分の食事券をゲットしたけど、株価が下落して1万円損したのでトータルでは5000円の損」といったケースです。

しかし、クロス取引という手法さえ知っていれば、**株価下落のリスクをとらずに株主優待だけを獲得できる**のです。

ここでは、**企業研究や相場状況を詳しく知らなくても、知っていれば儲けられる可能性が高い「ずるい投資ワザ」**を紹介していきます。

家族に名義を分散して株主優待を2倍取り、3倍取りしよう！

知っている人にとってはもはや当たり前すぎて、「それは基本であってワザではない」と言われそうですが、投資ビギナーには知らない方が多いので、最初は「優待投資のずるいワザ」から紹介します。

まず紹介したいのが、株主優待を自分の名義だけでなく、妻や夫、子供、両親など、家族全員の名義で分散して取るワザ。ワザというよりも「鉄則」ですね。

なぜ鉄則かというと、多くの株主優待は、配当金と違って複数単元を保有したからといって、その分優待品をたくさんもらえるわけではないからです。このことを、株主優待狙い投資を始めたばかりの方は意外と気づいてない場合が多いんですよね。

具体的な事例で説明します。たとえば、**高松コンストラクショングループ（1762）**という優待銘柄は100株で南魚沼産のコシヒカリが5キロもらえます。**しかし、200株保有しても、300株保有しても、もらえるお米は5キロのまま**です。もちろん、配当金は保有株数に応じて増えていきますが、優待は増えません。長期保有優遇制度があり、500株を5年間継続保有すると、もらえるお米がやっと10キロに増えます。

そこで、もし300株買うなら自分の口座で300株を買うのではなく、自分で100株、妻が100株、子供が100株と、家族名義でそれぞれ100株ずつ買います。そうすれば、めでたく5キロ×3名義分＝15キロのお米がもらえるわけです。100株でお米がもらえる優待銘柄はゴロゴロあるので、**株主優待を家族で分散して保有するだけで家族1年分のお米はあっという間に取得できます。**

ほかにも、コンビニなどで金券として使えるクオカードも、100株で1000〜3000円分もらえる銘柄は多く、こちらも家族名義ワザで何万円分も入手できます。

ちなみに、0歳の子供でも証券会社に口座を持つことができます。ただし、証券会社によってはネット取引が制限されるといった場合もあり、それでは使い勝手がよいとは言えません。未成年が口座を開くなら、ＳＢＩ証券やマネックス証券、楽天証券、カブドットコム証券といったネット証券がおすすめです。

高値つかみと決算での下落の影響を和らげる「優待バスケット買い」の発想

株主優待で人気のある銘柄は、権利月に向かって株価が上昇していく傾向があります。

そして、最終売買日の翌日になると権利落ちで優待分＋配当分か、ときにはそれ以上、一気に下落します。相場がよくて、その銘柄に勢いがあれば、一旦下がってもそこからまた戻っていきますが、権利落ちが大きいと株主優待の喜びも半減してしまいます。

権利落ちで痛い目に遭わないためには、優待目当ての株価上昇が始まる前、具体的には権利日の２～３カ月前くらいに購入するのがいいとされています。

ただ、そのタイミングで買うと購入から権利日までの間に四半期決算が入るので、たまに悪い決算を受けてすごく下落する優待銘柄も出てきます。

では、どうするかというところで、「優待バスケット買い」はどうでしょうか。たとえば、同じ権利月で10銘柄買っておくんです。基本的には権利月に向けて上がるわけで、その中で1つ、2つ決算で下がっても、トータルでプラスになればいいという発想です。全部下がるということはあり得ませんから。

ワザというよりは、発想の転換ですね。

とは言え、株主優待が欲しいだけなのに株価下落のリスクに振り回されるのは面倒です。そこで、私は「優待タダ取り術」として知られる「クロス取引（つなぎ売り）」をガッツリ使っています。次の項目では、株主優待のクロス取引についてお話しします。

「権利落ち」「逆日歩」知らず、完全ノーリスクの株主優待タダ取り術！

株主優待をもらうには、現物株を買って持ち続けているのが最も手間がかかりません。

でも、現物株だけだと短期では権利落ちの株価下落リスクが、長期ではそれ以外の理由も含めた価格変動リスクにさらされます。また、ずっと持ち続けていると資金を長期間拘束されるというのもデメリットです。長期間資金を拘束されるなら、私は優待銘柄よりはもっと大きく値上がりが期待できる銘柄に資金を投入したいですね。

避けられるリスクはなるべくなら避けたいので、私は株主優待ではもっぱら「クロス取引（つなぎ売り）」を活用しています。

「クロス取引」は、現物の買いと信用の売りを組み合わせることで、権利落ちの株価下落リスクを避けながら、株主優待だけを獲得するという優待ワザです。

実例 すかいらーくホールディングス（3197）の食事券をタダ取り！

私がクロス取引をどのように考えて使っているか、実例をひとつご紹介しましょう。

6月の人気優待銘柄に**すかいらーくホールディングス（3197）**があります。すかいらーくの優待の特徴は、保有株数が増えても優待利回りが下落しないことです。たとえば6月末なら、100株では3000円分の優待券がもらえますが、300株ならきっちり

3倍の9000円分、500株なら1万5000円分、そして1000株保有になると3万3000円分の優待券がもらえるため、100株保有時より優待利回りがアップします。

私は、最も利回りが高くなる1000株を取得しました。妻名義でも取得したので、合計2000株、優待券の金額は6万6000円分になります。

この1000株×2＝2000株について、私は5月の上旬に早々とクロス取引をしました。通常は、6月の権利日にもっと近づいてから取引することが多いのですが、カブドットコム証券の一般信用売りの在庫がちょうど出ていたので、「今のうちにやっておこうか」となりました。信用売りの金利が多少多めにかかりますが、後になって「在庫がない！」となるのがイヤでした（笑）。

一般信用売りを使ったクロス取引だと、取引の段階でコストや利益が確定するのがいいところです。手数料と貸株料の合計が約6000円として、2名義で約1万2000円。優待券の金額6万6000円、コストとしての金利と手数料が1万2000円で、大体5万4000円の実利がありました。

完全にノーリスクで、1カ月に利益5万円超ならかなりいいと思っています。6万6000円分もすかいらーくの優待券は要らないという人もいそうですが、すかいらーくならヤフオクでも金券ショップでも8～9掛けくらいで現金化できます。

もちろん、最終売買日の直前に100株だけクロス取引するのであれば、貸株料はもっと少なくて済みますが、一般信用売りの在庫がなく、信用売りができないことも多々あるので注意が必要です。

「一般信用売り」のクロス取引なら、リスクを完全にゼロにできる

優待クロス取引の仕組み自体は非常に簡単です。

権利付き最終売買日の寄付（前場でも後場でもOK）で、欲しい優待銘柄の現物の買いと信用取引の売りを、それぞれ成行で注文します。そして、翌営業日に信用売りの分を「現渡」つまり保有している現物株と相殺することで、取引を終了します。

この方法なら、たとえば最終売買日に1000円で買った株が権利落ちで900円に下がっても、信用売りでは逆に100円の利益が出ているので、下落分を相殺できます（貸

株料・手数料はかかります）。配当は取れませんが、これで優待はしっかり獲得可能です。

この方法なら誰も失敗しないと思われそうですが、ネットではときどき「クロス取引で失敗した！」と嘆いている人を見かけます。その理由は、「制度信用売り」を利用した場合は、優待金額をはるかに超える高額な「逆日歩」が付くことがあるからです。

「逆日歩」は、制度信用の売りが増えすぎたときにだけ発生する、イレギュラーな株のレンタル料金のようなものです。やっかいなことに、クロス取引をした時点では、逆日歩が発生するかどうか、いくらかかるのかはわかりません。後で泣かないように、事前に逆日歩の最大金額を計算して、それを差し引いても優待金額が上回る銘柄を選ぶという方法もありますが、わざわざ計算するのは面倒です。

なるべくラクして儲けようという本書のスタンスで考えると、クロス取引は逆日歩が存在しない、つまり逆日歩で損するリスクがない「一般信用売り」を使ったほうがおすすめと言えるでしょう。過去の例から逆日歩が付きにくい銘柄を選んだり、逆日歩がかかる日数が短い月だけ「制度信用売り」を利用したりという人もいますが、私は「一般信用売り」派です。繰り返しになりますがそのほうが面倒やリスクがありません。

「一般信用売り」のクロス取引にも、注意するべき点はあります。それは、直前になると売りの在庫がなくなってしまうことがある点です。だから、前述のすかいらーくのように、多少多めに貸株料を払っても、少し早めに買うというのも一つの手だと思います。

また、一般信用取引の「売り」はどの証券会社でも扱っているわけではありません。ただ、ネット証券大手は今はどこも扱っています。その中では、**私は扱い銘柄が多いカブドットコム証券をよく使っています。**

ＩＰＯを諦めない！「絶対に上がる銘柄が見つかるワザ」と「当選確率を上げるワザ」

まずは、ＩＰＯ（新規公開株）に関する投資ワザをいくつか紹介しましょう。

ＩＰＯとは、未上場の企業が市場から資金を調達するために新規に株式を証券市場に上場させることとです。

私は、今から15年以上前の２００２年に、**シンプレクス・テクノロジー（現・シンプレクス 非上場企業）のＩＰＯで、一度に約80万円を儲けました。**そこから一度に大きな利益を手間なく得られるＩＰＯ投資に目覚めて、どうやったら欲しいＩＰＯを確実に入手できるか、どうすれば大きな利益を得られるのかを必死に考え、さまざまなワザを実践してきました。

相場環境の影響も受けますし、銘柄自体の魅力度にもよりますが、ＩＰＯ投資は公募価格で買って初値で売りさえすれば、短期間で大きな利益を得られる魅力的な投資法です。

多少は手間ヒマのかかるワザもありますが、ＩＰＯほど簡単に大きく儲けられる投資はあまりありません。やらないのはもったいないんじゃないでしょうか。

絶対に負けられない〝鉄板ＩＰＯ〟は狙っておいて損はない！

ＩＰＯの初値が高くつくかどうかは、そのときどきの相場の状況にもよりますが、相場状況がどうであろうと、絶対に初値が公募価格を下回るようなことがあってはならないという売り出し側の強い意志を感じる「鉄板ＩＰＯ」というのがあります。「絶対」は言い過ぎかもしれませんが、こうした「負けるわけにはいかない」ＩＰＯにはとりあえず参戦して、初値で売って儲けようと考えたほうがよいでしょう。基本的に「鉄板ＩＰＯ」は大型株で株数が多いため当選しやすく、複数単元が狙いやすいのもメリットです。

実例 第一生命（8750）のIPO集中投資で1200万円の利益！

では、具体的にどんな銘柄が「鉄板IPO」なのかというと、たとえば2010年に上場した**第一生命（8750）**です。大手生命保険会社で、相互会社が株式会社化して上場する初のケースで、主幹事は野村証券。にもかかわらず公募価格割れなんていうことがあったら大ごとなので、「絶対に初値は公募価格を上回る」と言われていました。実際はどうだったかというと、公募価格14万円に対して、初値は16万円となりました。

14万円→16万円は＋14％とIPOとしてはそれほど大きな上昇率ではありません。しかし、私自身は600株を獲得し、8400万円を第一生命のIPOに投入したので、手数料や税金を除いて約1200万円の利益を得ることができました。

ほかには、15年に上場した郵政グループ3社も、**日本郵政（6178）**が＋16・5％、**ゆうちょ銀行（7182）**が＋15・9％、**かんぽ生命保険（7181）**が＋33％と揃って初値が公募価格を上回りました。郵政グループでは、3社合計で335万円儲けました。

さらに、16年の**JR九州（9142）**は公募価格2600円→初値3100円と＋19％、17年の佐川急便の持ち株会社である**SGホールディングス（9143）**も公募価格162

0円↓初値1900円で＋17・28％と、いずれも初値が公募価格を上回りました。

つまり、「こんな国策企業や超大手企業のIPOが万が一コケたら、企業イメージにも影響するだろう。絶対そんなことあってはいけない」とみんなが思うものは、やっぱり鉄板なんだということです。

IPOでどのあたりを狙えばいいかわからないなら、まずは「鉄板IPO」から始めることをおすすめします。逆に、IPOで危険なのは、「上場ゴール」が疑われる怪しい（？）バイオ系や、再上場銘柄など。自分で銘柄分析をするか、しっかりしたカンニング先で情報を収集してからじゃないと、リスクが高すぎると思います。

SBI証券にはIPOをゲットする裏ワザがある！

IPOの当選確率を高めるには、数多くの証券会社に口座を開いて応募する、また後述するように、対面の証券会社の営業マンと人間関係を作って回してもらう……といった方法がありますが、どちらもそれなりにハードルが高いかもしれません。

でも、他にも確実にIPOに当選するおすすめワザがあります。少々時間がかかるという難点はありますが、誰にでもできるという点ではとても優れたＩＰＯワザです。

それが、ＳＢＩ証券の「ＩＰＯチャレンジポイント」を使うという方法です。

「ＩＰＯチャレンジポイント」とは、ＩＰＯ銘柄に申し込んで外れた場合に付与されるポイントのことです。１回抽選に外れるごとに１ポイントがもらえます。このポイントを貯めて、申し込む際にまとめてポイントを使います。ＳＢＩ証券のＩＰＯは完全抽選が70％、ポイント抽選が30％となっていて、ポイント抽選分に関しては使ったポイントが多ければ多いほど、当選しやすくなる仕組みになっています。

では、何ポイント貯めればいいのか。ＳＢＩ証券ではＩＰＯチャレンジポイントに関するデータを公表していませんが、現在の参加者の状況を見ていると、大体３００ポイント以上あれば、当選はかなり「鉄板」になると思います。

ＳＢＩ証券のＩＰＯの扱いは、主幹事と幹事を含めて年70回ほどです。そのすべてに申し込んで全部外れたとして1年に70ポイント、２年で１４０ポイント……４年半弱あれば３００ポイント程度が貯まる計算です。３００ポイント貯まったら、配分が多いＳＢＩ証券が主幹事を務める銘柄で、俗に言うＳ級、Ａ級の有力銘柄に全ポイントを投入して申し込みます。

見事当選して初値で売れれば、20万〜30万円くらいは利益を取れるはずです。仮に30万円だとしたら、1ポイントの価値は約1000円。IPOに外れても、「1000円ずつ貯金している」と思えば、コツコツ続けられるのではないでしょうか。

ちなみに、実際の初値売りの利益を、2018年の上半期にSBI証券が主幹事になったIPO銘柄からいくつか挙げると、**エーアイ（4388）**が25万円、**エヌリンクス（6578）**が19万7000円、**RPAホールディングス（6572）**はなんと107万1000円でした。

家族全員の名義でIPOに申し込めば、ポイントがサクサク貯まる！

ただ最初に言った通り、この方法だとポイントを使って応募できるまでに時間がかかるというか、4年半に1度しかポイント抽選にチャレンジできないのが難点です。オリンピックのたびに1銘柄という計算ですからね。

そこで、オススメしたいのが株主優待のところでも紹介した**家族名義のフル活用**です。奥さんや子どもの名義でも口座を開設して、同じようにIPOにコツコツ申し込んでいきます。その際、1年ずつ時期をずらせば、4人家族なら5年目に本人、6年目に奥さん、

7年目は子どもその1、8年目は子どもその2、のように、**5年目以降はほぼ毎年必ず誰かが狙ったIPOに当選できる可能性が極めて高くなります。**

IPOチャレンジポイント制度がなくならない限り、この方法はオススメです。

コツは、とにかくどんなIPOにもコツコツ応募を続けること。ポイントが貯まらないことには、ワザの発動はできません。申し込み忘れがないように、SBI証券のIPOの画面を少なくとも週に一度くらいは開く習慣をつけましょう。申し込み自体は、慣れれば1分もあればできますから、どんなに忙しい人でもさすがに「面倒くさくて続けられない」ということはないはずです。IPOが当選して得られる利益から逆算すると、4人家族なら、この週に1分の作業自体が1回4000円以上の価値があると言っても過言ではないでしょう。

どんどん申し込んだ結果、あまり魅力のないIPOに当選しても心配は要りません。ポイントを使わずに申し込んだIPOについては、購入をキャンセルしてもポイントに動きはないからです。反対に、ポイントを使用して申し込んで、当選後キャンセルした場合には、使用したポイントは戻ってきません。

また、ポイントを使用したのに外れてしまった場合は、使用したポイントの返還＋外れたことによる1ポイントが加算されます。そのため、仮に300ポイントを使って応募したのに外れてしまったというときは、次のIPOで301ポイントを使って応募が可能です。ネットで様子を探ってみると、銘柄にもよりますが、最近は300ポイントでもIPOに外れる人がいるようです。絶対に当選したいと考えるなら400ポイント以上で申し込んだほうが、より確実性が高まるかもしれません。

あえて対面証券会社に口座を作ってIPOの当選確率を上げるワザ

これは、「ワザ」というほどの話じゃないんですが、これからIPO投資に力を入れていこうと考えている人なら、ちょっと心に留めてほしいことです。

対面の証券会社で新規に口座を開くと、IPOが配分される可能性が少々高めになる傾向があるようです。新しく口座を開いてこれから取引が見込まれるなら…ということだと思います。そこで、新規口座の開設は、狙っているIPOがあるタイミングを見計らって行うことをおすすめします。特に、配分数の多い大型のＩＰＯのときなら可能性はかなり高くなるんじゃないでしょうか。ただ、当然ながら「必ず」ではないので、過度に期待はしないほうがいいかもしれません。

申し込むのは自分だけかも!? 地場証券でＩＰＯの「委託販売」枠を狙う！

ＩＰＯに申し込もうと思ったら、まずその銘柄の「目論見書」を読む必要があります。目論見書の中には「株式の引き受け」という項目があり、そこにはたとえば「野村證券」「ＳＭＢＣ日興証券」「ＳＢＩ証券」……などそのＩＰＯの主幹事と幹事証券の名前が載っています。ＩＰＯ株のほとんどはこの主幹事・幹事証券に割り当てられるので、それらの証券会社で申し込みを行うのが王道です。

ですが、王道ではなく「裏ワザ」でＩＰＯ当選を狙うこともできます。それが、幹事証券以外の「委託証券」に注目するという方法です。

目論見書の【株式の引き受け】の欄外には、次のような注釈が記されているはずです。「上記引受株式数のうち、２０００株を上限として、全国の販売を希望する引受人以外の金融商品取引業者に販売を委託する方針であります」

これをわかりやすく言い換えると、「全体の引き受け株数のうち２０００株だけは、希望する全国の証券会社に配分しますよ」ということです。つまり、幹事証券でない証券会社で申し込んでもＩＰＯ株を獲得できる可能性があるのです。

たとえば、「松井証券」や「楽天証券」「カブドットコム証券」といったネット証券のほか、ネットより対面重視の証券会社、さらには地方の地場証券などでもチャンスがあります。このうち、手間がかからないのは当然ながらネット証券です。ただ、私がおすすめしたいのはネットからの申し込みなどはできない地場証券のほうです。

その理由は、地場証券内での倍率が低いことが考えられるからです。もしかすると、その地場証券でＩＰＯに応募するのはあなただけかもしれません。そうなれば、その地場証券にＩＰＯ株が配分された場合、必ずあなたが当選するのです。

ただし、残念ながら「幹事証券より当たりやすい」とは言えません。そもそも、前述の例のように２０００株が委託販売という場合、仮に1単元が１００株ならわずか20単位、20人分に過ぎません。絶対数が非常に少ないのです。また、委託証券分に申し込む証券会社は、１つのＩＰＯにつき通常70～90社以上あるので、どの証券会社でも扱いがあるというものでもありません。

そこで、まずはなるべく多くの証券会社に口座を開くことです。特に、地元にしか店舗がない、支店数が数店舗程度、全国的に知名度の低いといった地場証券が狙い目です。また、地場証券では口座を開設しないことにはＩＰＯの情報そのものが入ってきませんので、その意味でも口座を開いておきたいものです。

この方法は絵に描いた餅ではありません。実際に、私も地場証券でＩＰＯに当選した経験が何度もあります。ただ、当選頻度がすごく高いかというとそうではなく、年に1回程度になります。だから、資金に余裕があって、地場証券で他の取引もしていこうという方なら試してみる価値はあるかも、というところでしょうか。

損を承知で営業マン推奨株を買いＩＰＯの当選確率を上げる裏ワザ

次に、私が実践している対面証券でのＩＰＯ株の獲得ワザをお教えしましょう。ＳＢＩ証券でひたすら申し込んでコツコツとポイントを貯めるような方法に比べると、ややハードルは高いと感じるかもしれませんが、ＩＰＯ投資を続けていって「もっと他にやれることはないのか？」と思ったときには、ぜひ思い出して実践していただけたらと思います。

なぜかというと、やっただけの効果は期待できるテクニックだからです。

対面証券のＩＰＯ獲得ワザを一言で言うと「損して得取れ」です。ＩＰＯという「得」のために、証券会社の営業担当が勧める個別株や投資信託、債券などを購入してあげて恩を売るのです。営業担当が勧めるものが必ずしも「損をする」わけではありませんが、向こうがわざわざ「買ってほしい」というものは、売りたいのになかなか売れないものという可能性が高く、そういうものは往々にして「損をする」ことになっています。

もちろん、後述するように、ＩＰＯのためとは言え、勧められるものをただ買って損をしてしまうようなバカなことはしません。対策は取ります。また、営業マンに対しては、こちらから「最近ニュースがあったＩＰＯとかでなんとか挽回できないですかね」とは言ってみます。結果的にはいわゆる「バーター」狙いになりますが、私の経験から言うと当選株数の多い絶対に欲しいＩＰＯを獲得するには試す価値のある「鉄板ワザ」だと実感しています。

他にも、立会外分売であえて取引手数料の高い地場証券を利用することもあります（立会外分売は購入時手数料は不要ですが、売却時には通常通り手数料がかかります）。これも、手数料で貢献して、その後のＩＰＯの当選確率を上げるのが目的です。

地場証券は取引手数料が高く、１回につき２０００円以上はかかりますが、立会外分売で５０００～１万円以上抜ければ、差し引きではプラスになるため、損をせずにＩＰＯ当選に少し近づける、悪くないツールになっています。しかも、地場証券で立会外分売に参加する人はあまりいないので、ネット証券に比べると間違いなく当たりやすいのも気に入っています。

ところで、支店にはどのくらいＩＰＯの配分があるのか、どうすればＩＰＯを回してもらえるのかなど本音ベースの情報を得るために、営業担当とは、積極的にコミュニケーションを取るようにすることも大切です。具体的には、「支店に行く時間が取れない」などの理由を付けて、喫茶店やファミリーレストランなどに誘って話を聞きます。なぜかというと、証券会社の電話はトラブル防止のために録音されていることが多く、また支店内では上司の目があるので本音はなかなか聞き出せないからです。できれば、夜の飲み屋のようにちょっと口が滑らかになる場所がベストですね。

もちろん営業担当との相性もあるので、たくさんの証券会社で口座を開いた中から、付き合いやすく利益をもたらしてくれる人を選ぶのが得策です。

対面証券の営業担当に勧められた銘柄は、ネット証券で空売りしてリスクをヘッジ

私の経験から言うと、営業担当から勧められた個別株のうち約7割はその後株価が下がります。**しかし、IPOのバーター狙いとしては株価が下がったほうがいいと言えます。**

「推奨株は今回はロスカットしました。また次回はよろしくお願いします」と笑顔で言っておいて、連敗が続いた頃に、前述したように「IPOで取り返したいけれど無理ですかね?」と尋ねるのが私の「王道」です。ある程度は、強く要求できる立場になるからです。

しかし、そのままだと本当に損をしてしまいます。ですから、私は空売りを組み合わせて株価下落のリスクをヘッジするようにしています。対面証券で「買い」をした際に、ネット証券で「売り」をしておきます。これで推奨株が下落しても痛くありません。反対に推奨株が値上がりした際の利益もありませんが、目的は営業マンにある意味貸しを作ってIPOの配分を狙うことなので気にしません。

一方、投資信託や債券は商品によっては空売りはできないので、うまくいかなければ売却するしかありません。しかし、多少損をしても目当てのIPOで大きな利益が得られれ

ばトータルではプラスになるはずなので、そこは割り切って考えましょう。

確実に上がる鉄板材料が出たら、地場証券で「ストップ高比例配分」を手に入れる！

ＩＰＯ投資のために、数多くの証券会社に口座を開いていると、ＩＰＯ以外でも役に立つことがあります。まずは口座をたくさん開かないと始まらないので、誰でも真似ができるワザではありませんし、少し投資に慣れてきた投資家向けですが、実際に私が利用してそれなりに儲けているので簡単に紹介したいと思います。そのワザとは、爆上がりが期待できる材料が出たときに、地場証券で「ストップ高比例配分」の株を手に入れる方法です。

適時開示情報で、「明日は確実にストップ高を付けるだろう」という非常に強い材料が出ることがあります。具体的な材料は千差万別ですが、一つ例を挙げるとＴＯＢ（株式公開買付）の全株買付のような場合には、提示された価格までは株価は確実に上昇することが見込めます。

そうした「確実に上がる」というリリースが出たら、私は口座を開いている地場証券にかたっぱしから電話をします。そして、「ストップ高比例配分」になった場合にどうにか抽選に入れてもらえるようにお願いするのです。

「ストップ高比例配分」については改めて説明するまでもありませんが、たとえば「買い注文」が１０００に対して「売り注文」が１００しかないような場合に、抽選で「買い注文」に「売り注文」の分を証券会社ごとに割り当てていきます。

地場証券であれば、その証券会社を通じて注文する投資家が圧倒的に少ないため、割り当てられた株を買える可能性が高くなる傾向にあります。買えることさえできれば、仮にＴＯＢなら提示された価格までは絶対に上がると言えるので、ほぼノーリスクで利益を得ることができます。

なお、比例配分ルールは証券会社によって異なります。私が地場証券にすぐに電話を掛けるのは、「時間優先」がルールだからです。もちろん証券会社によっては、数量の多い注文を優先したり、完全抽選だったりすることもあり、その場合は急いで電話をするメリットはあまりありません。

リスクヘッジしながらコツコツ儲けるなら、PO（公募売り出し）投資がおすすめ

ＩＰＯがなかなか当たらないという人は、初心者の方には少しハードルが高いかもしれませんが、ＰＯ（公募売り出し）投資にも注目してみてはどうでしょうか。ＩＰＯとは異なり、一度に大きく儲けることはできませんが、私の経験上は、リスクを抑えながらコツコツと利益を積み重ねていける投資ワザです。

そもそもＰＯとは、「公募増資」と「売り出し」をまとめた呼び方です。資金調達のために新たに株式を発行するのが公募増資で、大株主の保有分などすでに発行済みの株式を不特定の投資家に向けて売り出すのが「売り出し」という違いがあります。

ＰＯの魅力のひとつは、売り出しの価格として決定された公募価格から、２〜４％ほど割引された価格で購入できることです。時価１０００円の株を９７０円で買えるというイメージで、ものすごく単純に考えると、ディスカウントされた分の儲けが期待できます。

ただ、実際にはみんなが同じように考えて、ＰＯで入手した株を売買可能日に売却しよ

うとするため、需給のバランスが崩れて、期待した利益が得られなかったり、下手をすると公募価格割れになってしまうこともあります。

そこで、私がおすすめするのは、ＰＯで公募価格が決定したら、翌日以降、獲得した株数まで公募価格以上で信用売りをすることです。そうすれば、当選したＰＯ株の価格が売却可能日までに仮に大きく下落しても、空売りによるヘッジが効くため、ある程度の利益を確保できます。また、地合いがいい場合や、特に日銀が保有しているようなリート銘柄については、空売りのヘッジをせず、そのまま「お祈り投資」で売却可能日（受渡日）までストロングホールドをしています。

私自身は、複数の証券会社に口座を開いているので、ＰＯ１銘柄につき40単元くらいをあちこちの口座に振り分けて応募し、１単位１万～２万円ずつ利益を抜いて、合計で40万～80万円ほど儲けるといった方法をよく取っています。

２０１８年の例では、4月に実施された**ジャパンリアルエステイト投資法人（８９５２）**のＰＯで50万円近く儲けることができました。

具体的なＰＯの内容は、日興ＳＭＢＣ証券で15口、みずほ証券で10口という配分で、公募価格は53万３１２０円。日銀保有リートということもあったので、一切ヘッジをせずホールドし、無事に受渡日に55万2000円で売却しました。

この実例からもわかるように、やはり最近はリートのPOが狙い目なんじゃないかと見ています。その中でも、AA＋以上など格付けが高くて、日銀の買い対象になるような銘柄です。なぜなら、直近のリートは株価が強く、受渡日には売り圧力で一旦下がりますが、たとえば後場になるともう反転するといったケースが多いからです。今後も、引き続き注目できるんじゃないかと思います。

上がる株を先に買っておけばいいだけ！「先回り買い」のヒントを一挙紹介！

株価上昇が期待できる銘柄を、上昇の材料が出る前に買うことができれば、当然儲かります。それがわかれば苦労はしないと言われそうですが、探せばそのヒントはいろいろあります。ここ数年で知れ渡りつつあるものもありますが、私が実際に活用している「先回り買い」のワザをいくつか紹介していきます。

IRフェア初出展の銘柄は買っておくと、なかなかの確率で上昇が期待できる

この先、上がる確率の高い銘柄を手っ取り早く見つける方法のひとつは、東証や名証、あるいは証券会社などのIRフェアに初めて出展する会社に注目することです。

IRフェアに出てくるということは経営者が「やる気満々」ということです。また、その時点で悪材料があったらまず出てこないだろうし、わざわざお金と手間ひまかけて出てくるのは並大抵のことじゃない、と考えるからです。

私自身、こうしたIRフェア（東証は「IRフェスタ」、名証は「IR EXPO」、福証は「IRフェア」など名前はそれぞれ異なります）に初出展する会社の株は、必ず買うようにしています。

例を挙げると、これは実は自分では行けなかったのですが、「名証 IR EXPO 2018」に初出展した**丸順（3422）**に注目しています。自動車のプレス成形部品の会社で、一時期はさまざまな事業に手を出して失敗もしていましたが、本業回帰していて、

直近の会社四季報でも最高益を更新しそうとの記載がありました。そこで、ちょうど少しずつ買っているところです。

ＩＲフェア初出展となると、規模的にもまだまだ小さい会社が多く、そういう意味でも狙い目です。小型株なら、今後株価が２倍、３倍になることも十分にあり得るからです。

また、業種的には、出店余地が大きければその分素直に規模の拡大が期待できる外食産業や、あるいはこれまでなかったような新サービスを提供する企業が注目できます。

大きく投資するのはリスクが高いですが、とりあえず打診買いくらいならやってみる価値はあると思います。企業分析については、誰かやっている人がいるはずなので、ＰＡＲＴ１で紹介した方法で、ツイッターなどで調べてみてください。

あと、数字的な分析ではなく、せっかく社長や社員に会えるチャンスなので、直接話を聞くこともおすすめします。難しい話をする必要はありません。「株主優待は考えていますか？」とか「東証１部は目指してますか？」とか、まあその場で答えてくれる内容はリップサービスかもしれませんが、まったく考えていなければ言いませんから。

また、少し口が滑らかそうな社員を見つけたら、「給料は伸びてますか？」「忙しさはどのくらい？」といったことを聞いて、会社の全体的な雰囲気をつかむことも重要だと考えています。

小判ザメ投資＝TOPIXに組み込まれる銘柄の「先回り買い」は鉄板！

現在、東証マザーズやジャスダック、地方市場に上場している銘柄の中には、東証1部への昇格を目指しているものもあります。東証1部銘柄になれば、TOPIX（東証株価指数）に算入されて、TOPIX連動型のインデックスファンドなどに必ず採用されるため株価は間違いなく上昇します。

もう少し解説します。TOPIX連動型のインデックスファンドは、TOPIXに連動させるために、東証1部の全銘柄を時価総額に応じて一定株数購入する必要があります。そのため、インデックスファンドは新規に東証1部に上場してきた株も、会社の業績や成長性などとは無関係に機械的に一定株数を購入するのです。こうした理由から東証1部に上昇した直後にファンドによる大きな買い需要が発生するので、株価が上昇するのです。

ただし、東証1部に昇格すれば株価が上昇することはすでに知れ渡っているため、東証1部に昇格することが濃厚になった段階で買われ、実際に昇格が発表されると、材料出尽くしでそこからはあまり上がらないケースもあります。そのため、東証1部に昇格することが正式には決まっていない早い段階での「先回り買い」が有効です。

とは言え、どの銘柄が東証1部に昇格しそうかを、自分でイチから情報を集めたり銘柄分析をしたりして考えていくのは手間がかかります。それよりは、PART1第1章のインタビューで登場していただいたv－com2さんのような、昇格期待銘柄に詳しい人のブログやツイッターを見て、その情報に乗っからせてもらうというのがこの本のスタンスとしてはおすすめです。

また、前項で取り上げた「IRフェア初出展の銘柄」も、完全にイコールというわけではありませんが、東証1部昇格を目指している可能性はあると思います。

さらに、「先回り買い」とは少し状況が異なりますが、IPO銘柄のうち、最初から東証1部に上場する大型銘柄――たとえば、佐川急便の持ち株会社である**SGホールディングス（9143）**や**リクルートホールディングス（6098）**などを、初値が付いた後に買っておくというのもいいんじゃないかと私は思っています。

直接、東証1部に新規上場する銘柄のTOPIXへの組み入れは、新規上場日の翌月最終営業日に実施されます。その後、TOPIX連動型のインデックスファンドなどにも組み込まれていきますから、ある程度は織り込まれているとは言え、中期で見た場合にはまだまだ株価は上昇すると考えられるからです。

このワザに限らず、先回りで買っておいて後は待つだけ、というのは株式投資ばかりに時間を割けない会社員などの兼業投資家には向いています。自分にうまくはまる「先回り買い」のワザが見つけられるといいですね。

日経平均構成銘柄に採用の可能性が高い銘柄を、先回り買いするワザもアリ

日経平均株価を構成している225銘柄は、年に1回秋に行われる定期見直しと、経営統合や上場廃止といった構成銘柄の事情により、毎年一部の銘柄を入れ替えています。TOPIX採用銘柄のときと同様に、日経平均構成銘柄についても新たに採用されれば年金資金や機関投資家のインデックス買いが入り、株価の上昇が期待できます。

そこで、日経平均の構成銘柄に採用されそうな銘柄を先回りして買っておこう、というワザがあります。候補になっている銘柄は、「日経平均」+「採用候補」などのキーワー

ドで検索できますし、金融機関のレポートなどにも取り上げられます。

……ですが、このワザについては、私自身の経験ではそれほど勝率がよくないこともあり、あまり積極的におすすめしようとは思っていません。

ひとつには、当たるかどうかが微妙なこと。採用銘柄を予想しているレポートの掲載銘柄を買っても、外れることも少なくありません。さらに、採用銘柄が当たっても必ずしも儲からないというのが問題です。予想した銘柄が実際に採用されても、材料出尽くしで下がってしまうことも多いのです。

順調に上がった例としては、たとえば17年8月1日に東芝（６５０２）の代わりに日経平均に採用された、セイコーエプソン（６７２４）があります。ちなみに、東芝は東証2部に指定替えになったため、日経平均構成銘柄から外れることになりました。

7月10日に、採用銘柄としてセイコーエプソンが正式に発表されてから、採用日前日の7月31日までに株価は10％ほど上昇しました。ただし、実際に採用された後は大きく反落。また、採用決定の5カ月ほど前には、すでに東芝の代わりにセイコーエプソンが採用されるのではという証券会社のレポートもありましたが、レポートが出た直後は上昇したものの、相場環境もあり株価は一方向に上がったわけではありませんでした。

毎回毎回、候補に挙がった銘柄を買って、少しずつでも儲けを積み重ねていけばいいのかもしれません。しかし、私との相性は悪いようなので、明らかに株価が低すぎる銘柄などでなければ今後もやらないと思います。ただ、このワザにうまくハマる人もいるので、一応紹介しておきます。

10周年、20周年、100周年など…。「周年記念」の配当・優待銘柄を先回り買い

企業の中には、創立10周年、50周年といった節目に、記念配当や記念優待を実施するところもあります。記念増配や記念優待が発表されると株価は上昇する傾向にありますが、その企業が創立○周年ということは事前にわかっているので、だったらあらかじめ買っておいてもいいんじゃない、という先回りワザです。

実例 安田倉庫（9324）は資産リッチで割安な上に100周年で期待大！

未確定のこれからの話で申し訳ないのですが、私が執筆時の18年に注目している「周年記念」の銘柄は、**安田倉庫（9324）**です。1919年12月の設立なので、19年が創業100周年です。

100年はかなりの節目ですし、「何かある」と予想しています。「何かある」の根拠として、過去には05年3月期に「東証2部上場記念」で2円の記念配当を出しています。

倉庫会社で地味な銘柄ですが、安田財閥が源流で由緒もあり、PBRは1倍割れと割安です。株価も840円台（18年11月現在）で、1単元なら10万円しません。とりあえず1単元だけ取っておくのは悪くないと思っています。

さて、「周年記念」銘柄をどうやって探すかですが、会社四季報にも設立年は載っていますし、コメント欄にも「○周年記念配当あるかも」といった内容が書かれていることもあります。私は、会社四季報のコメント欄は全部読んでいますが、一つ一つ見ていくのは面倒くさいし、本書のやり方ではありません。ということで、「「周年」＋「企業」」といったキーワードでネット検索しましょう。けっこう見つかります。「2019年」「平成31

年」など年号を加えてもよいでしょう。

あと、私の場合は、**聞けるんだったら人に直接聞いちゃいます。**会社四季報関連のオフ会というのがあって、そこで「周年企業で面白いの何かありましたか？」「記念配当、どこがありそう？」とストレートに聞くと教えてもらえます。ただし、聞くだけではなく、私からも気になった周年企業についてはコメントして、**ギブ&テイクで相手にも情報を伝える**ようにしています。

この先回りワザは面白いんですが、資金を拘束する時間が長いことと、記念配当も記念優待も結局実施しない可能性があるというのはリスクです。そこで、銘柄を見つけても即買いはしないで、日経平均株価が1日で500円以上下げるような大暴落日に買うとか、先ほどの安田倉庫のように1単元20万円以下の銘柄だけにして、万が一大きく下がっても損失の絶対額を抑えるとか、リスクを低減する策を講じておくことをおすすめします。

優待の新設が濃厚な銘柄は先回り買いで儲けろ！

新たに上場した銘柄のうち、外食産業や小売り、レジャー産業などは、ほぼ必ずと言っていいほど、株主優待を新設します。

たとえば、外食産業では17年2月に上場した**ユナイテッド&コレクティブ（3557）**は、18年4月に優待新設を発表。また、17年12月に上場した**一家ダイニングプロジェクト（9266）**は18年5月に優待新設を発表しています。

外食も小売りもレジャー系も、優待品はその店や施設で使える株主優待券の可能性が高く、自分で使わなくてもヤフオクや金券ショップで売れるので、使い勝手がいいのも魅力だと思います。

とは言え、わざわざ高値で買うこともないので、直近ＩＰＯで外食・小売り・レジャー系でまだ株主優待を新設していない銘柄を見つけたら、もうこれ以上株価は下がらないだろうというくらいの下値で指値を入れておいて、あとは放っておくというのも手かもしれません。仮に、株主優待＋配当で5％あれば、仮に株価が1円も上がらなくても20年で元が取れます。

そして、18年10月現在、**私がいちばん注目しているのは、かつて上場していて、再上場のウワサがあるユニバーサル・スタジオ・ジャパン（以下ＵＳＪ）です。早ければ18年度中にも上場するのではないかと言われています（この本が出版された頃には上場している可能性もあります）。**

ＵＳＪが再上場したら、東京ディズニーリゾートを運営する**オリエンタルランド（4661）**と同様に、**ＵＳＪで使える株主優待を導入するのはまず間違いない**でしょう。先ほどは、優待新設期待のある銘柄を下がったタイミングで買うのがいいと言いましたが、**ＵＳＪに関しては再上場したらそのときにすぐに買って損はないと思っています。**

将来的に株主優待が付くと思えば、初値がどんなに高くてもいずれは元が取れる銘柄だと思うからです。

PART 3
小銭稼ぎ編

株の世界はチリだらけ。
拾って集めれば大金になる！

株式投資の周辺には、ちょこちょこ儲かるお得ワザがいっぱいある！

最後は、株式投資の周辺にあるちょっとしたずるい「小遣い稼ぎ」の方法をいくつかお教えしましょう。ここで紹介するワザは、1回で儲けられる金額は、正直なところ大したことはありません。たとえば、株主通信のアンケートに回答して500円分のクオカードをもらったり、株主優待品をオークションに出品して数千円の値が付いたり。株式投資で万単位のやり取りをしていると、そんなのチマチマやってもしょうがないと思うかもしれません。

でも、チリも積もれば山となるじゃないですが、1000円を100回やれば10万円です。アンケートだけでも答え続けていれば、1年で数回分の食事代や飲み代分は稼げるはずです。そもそも、あなたは500円硬貨が落ちていれば拾いますよね。「腰を曲げるのが面倒だからいいや」と思う人は滅多にいないはずです。**実は株の世界は、あちこちに500円硬貨が落ちている状態です。1枚ずつ拾えば、年に数万円は稼げる**はず。たいした労力ではないので、ぜひチャレンジしてみてください。

「億トレーダー」のＪＡＣＫがそんな細かい小遣い稼ぎもやっているのかと驚かれることもありますが、むしろ億トレーダーでもやっているので皆さんにもぜひおすすめします。

少しでも手数料の安いネット証券を探していて、少しでも多く儲けたいと思っているのに、回答したらかなりの確率で金券が当たるアンケートに答えないなんて、私からしたら非常にもったいないことですね。

自分で使わない株主優待券や優待品を、高値で現金化するための出品のコツ

株主優待品は自家消費がベストですが、自分ではあまり使わない株主優待券やさまざまな優待品はヤフー・オークションに出品して現金化することもあります。

株主優待品はヤフオクで売れるというのは、さすがにみんな知っている話だと思いますが、株主優待が届いてからなんとなく出品しているだけでは、なかなか高くは売れません。

落札額をアップさせるには、出品のタイミングが重要です。

株主優待券は「フライング出品」すると大量出品の値崩れを回避できる!

たとえば、外食系の株主優待券は欲しい人が必ずいます。ただ、一度に大量に出品されると高値が付きにくくなります。需要は常にあるけれど、一時的に供給が上回ってしまうということですね。

実例 吉野家HD(9861)の食事券をライバルより高く売る方法

吉野家ホールディングス(9861)を例に取ると、100株で半期ごとに3000円分の食事券がもらえますが、落札価格は大体2700~2800円くらいがいいところだと思います。ただ、古くからの人気優待銘柄で多くの人が優待券をゲットする上に、優待券が届くとみんな少しでも早く売ってしまおうと一斉に出品するため、需要と供給の関係から、その時期は相場より何百円か落札価格が低く抑えられがちです。

たかが数百円ですが、まったく同じモノが安値となってしまうのは悔しい上に、仮に家族分も入れて4名義分なら2000〜3000円くらい違ってきますから、できれば高く売りたい。そこで、私が実践しているのが「フライング出品」です。

要は、株主優待券が届いてみんなが出品する前に、早めに出品するわけです。まだ優待券の現物は手元にないので、前回の写真を載せて「写真は去年のものです。到着次第、すぐにお送りします」といった注釈を付けて誰よりも早く出品すると、高い確率で高値で落札されます。

フライング出品の注意点としては、基本的に優待内容が前期と変わらないものであること、例年届く時期がだいたい同じであること。ＩＲサイトにも、届く時期が明記されているようなものが安心です。

逆に、遅く出品するという方法もあります。出品件数が少なくなってくると、需給の関係でまた少し入札価格がアップする可能性があるからです。とはいえ有効期限がある金券類は、使用期間が残り少なくなると価値が低下するので遅く売る場合は注意が必要です。**要は早めに売るにしろ、遅く売るにしろ、みんなと同じタイミングでは出品しないことが気をつけるべきポイントです。**

ちなみに、ヤフオクの手数料は落札額の10％。プレミアム会員に登録していても8・64

％の手数料がかかるほか、ヤフー！プレミアムの月額会費が４９８円かかります（いずれも税込）。出品時期によっては、金券ショップのほうが最終的に高くなるかもしれません。

ただし、吉野家のような全国区ではなく、地域限定のスーパーや飲食店の優待券だと、その地域以外の金券ショップでは買い取ってくれない場合もあります。ヤフオクは地方限定の優待券なども売りやすいというメリットがあるので、うまく使い分けるとよいでしょう。また、メルカリはどうなんだろうと思っていましたが、メルカリでは金券類にあたる株主優待券は出品禁止というルールになっています。株主優待券以外の優待品（自社商品やグッズなど）は出品できるようですが、株主優待券を出品すると削除されるようなので注意してください。

もちろん、最初に言ったとおり、いちばん手間がかからないのは自家消費ですが、使わない優待も決してムダにはしないということです。

見落とし注意！株主総会のお土産にプレミアムなお宝が眠っていることも

一時期に比べると、株主総会でお土産がもらえたり、総会後に懇親会を開催したりという企業は減ってきているかもしれません。「総会に行ったら、懇親会でご飯食べて一食浮くし、お土産がもらえる」という情報がすっかり知れ渡って、家族分の議決権を持ってお土産の列に殺到したり、食事に殺到したりするなど弊害も出ているのかもしれません。

とは言え、今も総会でお土産を配布している企業は数多くあり、中にはもらったお土産が思わぬ高値で売れることもあります。

実例 GMOフィナンシャルHD（7177）の総会土産が5000円で売れる！

その一例が、18年のGMOフィナンシャルホールディングス（7177）の株主総会でもらったお土産です。ここは、例年焼き菓子ほかいくつかのお土産がもらえますが、その中にグループ企業のイメージキャラクターを務める新垣結衣さんのクリアファイルがありました。

後日知人から「あれは高値で売れるよ」と聞いてすぐに見に行ったら、その**クリアファイルはヤフオクで5000円で落札されていました。**私自身が出品したわけではありませんが、「利回り換算したらどのくらいだろう」と驚きました。

人気の女優さんというのもあるし、株主総会に出席した人だけがもらえる非売品なので、通常の株主優待よりも希少価値があり、高値が付いたと考えられます。通常の株主優待でも、人気タレントのクオカードなどは高値で落札されることがあります。

さらに、株主総会土産では、**企業のロゴ入りトートバッグやロゴ入りグッズがもらえることもありますが、「自分は要らない」と思っていてもヤフオクでは高値が付くこともけっこうあるんです。使わないでそのまま放っておくくらいなら、一度ヤフオクなどを調べてみることをおすすめします。**

なお、過去の株主総会のお土産を調べるにはカンニングがおススメです。検索するとまとめてくれている人がたくさんいますし、ザイ・オンラインや会社四季報オンラインなどにも記事があります。あくまで過去の情報ですが見ておくと参考になります。

「売る」だけが能じゃない。周囲もハッピーにする「優待わらしべ長者」術

自分で使わない優待品や総会土産を売ってちょこちょこ儲けるのもいいんですが、ヤフオクに出しても大してお金にならないものや、食品などそもそも出品しづらいものもあります。そんなとき、私は「喜んでくれる人にあげよう」と考えて、実際そうしています。相手には感謝されるし、自分も思わぬ得をすることがけっこうあります。

実例 捨てるはずの川崎近海汽船（9179）のカレンダーが高級コーヒーに

一例を挙げると、1株しか保有していない海運会社の**川崎近海汽船（9179）**でもらったカレンダーが、ブルーマウンテンに化けたという話があります（1株でももらえる「隠れ優待」については後ほど説明します）。現在は、100株以上保有でないともらえませんが、16年までは1株保有で船の写真が載っているカレンダーが毎年もらえたんです。

船には特に興味がなく、私にはカレンダーは不要なものでしたが、よく行く喫茶店のマスターが船が好きだったんですね。それで「じゃあこれ使ってよ」とあげたら大喜びされて、お礼にその店で最も高価なブルーマウンテンのコーヒーを一杯御馳走してくれました。そこから、毎年カレンダーをあげて、そのたびにコーヒーを御馳走になりました。当時は1株300〜350円くらいでしたから、「利回り」で考えたら明らかに100％以上ですね。**自分に不要な優待が、より高価なものに化けるという、まさに「優待わらしべ長者」**だと思います。もちろん、高利回りは後から付いてきた話で、私が毎年船のカレンダーを持って行ったのは、あくまでマスターが喜んでくれるというプライスレスなことからなんですけどね。

あと、食品や飲料など自社商品の詰め合わせが優待品という企業も多いですが、ありがたいけれど食べ切れない、ということもあります。特に3月、9月は優待の件数が多くて、届く時期も6〜7月、11〜12月と集中するため、置く場所の確保も大変です。

それで、**日清食品ホールディングス（2897）**の株主優待品（即席めんなど食品の詰め合わせです）を、新聞販売所に持っていって「よかったらみんなで食べて」と渡したことがありました。これも、別にお礼狙いではないですが、「じゃあ、お返しにスポーツ新聞を2カ月くらいオマケで入れておきますよ」と言ってくれて、2カ月分くらいありがたく無料で読ませてもらったことがありました。

ほかにも、いつも行くマッサージ屋さんに「いつも大変でしょう、休憩時間にみんなで飲んで」と**ダイドーグループホールディングス（2590）**の優待品の缶コーヒーをあげたら、お返しにマッサージを10分追加してくれたこともあります。1000円分くらいになったかもしれません。

お返しが目的ではありませんが、日本人は「もらったら何かお礼をしなければ」と考えるので、優待品をプレゼントすると結果的には得することが多いですね。

要は、優待品はヤフオクや金券ショップで売るだけが能じゃない、ということです。あげた人には喜ばれるし、こちらにもメリットがあるかもしれないし、Win-Winでなかなかいい優待の活用法だと思っています。

長期優待に1株優待、株主アンケートなど、お得な「端株」を使いこなそう！

通常、株式は100株といったまとまり（単元）で取引します。しかし、証券会社によっては1単元に満たない、1株から売買することが可能です。この1単元に満たない株のことを「端株《はかぶ》」（正式には「単元未満株」）と言います。

「端株なんて何に使うの？」と不思議に思う人もいるでしょう。

実は端株は、長期保有優遇制度のある株主優待を利用するときに欠かせない存在なのです。また、いわゆる「端株優待」がもらえたり、それ以外にもノーリスクのちょっとした小遣い稼ぎワザにも使えたりします。何かと使えるので、私はいちばん多いときには400以上銘柄で端株を保有していました（と言っても、端株の総投資金額はせいぜい40万円程度ですが）。どんな風に活用しているか、私の実例で説明していきましょう。

継続保有条件のある株主優待は、「端株」活用で資金効率が大きくアップする！

必要な単元を1年以上継続保有することで優待内容がアップしたり、逆に継続保有していないと株主優待がもらえないという銘柄があります。長期でじっくり保有してくれる株主を増やそうと、最近は、こうした継続保有条件を設定する株主優待が増えてきているようです。

継続して保有しているかどうかは、権利確定日ごとなどに株主名簿で確認されます。ただし、権利確定日にだけ株を持っていればいいかというと、そうではありません。**たいていは「同一株主番号で記載されていること」という条件もあるため、途中ですべて売却する期間があると、株主番号が変わってしまい、対象から外れてしまいます。**とは言え、1単元をフルで持ち続けるのは資金効率を考えるとあまりいいとは言えません。

そこで、端株を買ってずっと保有しておいて、それとは別に権利確定日に間に合うように株主優待獲得に必要な単元を購入するという方法を取ると効率的です。

私は、長期保有優遇制度導入のリリースが発表された銘柄があれば、とりあえず1株は買うようにしています。

実例 近鉄エクスプレス(9375)は1株ワザで優待額が4倍になるかも？

たとえば、**近鉄エクスプレス（9375）**の株主優待は、100株保有なら、3月と9月に500円のクオカードがもらえるというものですが、**1年以上継続保有した場合には、もらえるクオカードの金額が4倍の2000円になります。**

仮に、投資金額を20万円で計算した場合、1年未満なら株主優待利回りは0・5％、1年以上の継続保有なら2％と4倍ですから、長期保有する意味は十分にあります。しかも、もしも端株が活用できれば、20万円をずっと拘束されることがありませんから、その間は他の銘柄に投資するなど効率的に資金を活用できます。

長期保有優遇制度のある株主優待は、「株主優待」＋「長期保有優遇」のキーワードで検索すれば、最新の情報をまとめてくれているサイトがすぐに見つかるので、そちらをカンニングしてください。ただ、端株対策として、権利確定日以外にも、100株保有等を条件にする企業もあるので、それぞれの継続保有条件の確認や答え合わせは個別に見る必要があり、近鉄エクスプレスはまさに今、結果待ちのところであります。

端株でももらえる株主優待の中には、驚異的な利回りのものもある！

多くの株主優待は、1単元以上の保有が獲得の条件です。しかし、先ほど紹介したカレンダーのように、端株でも株主優待（公式には優待とアナウンスしていない場合も含みます）がもらえる銘柄もけっこうあります。こちらは、継続保有条件を満たす場合と違って、ただ保有しているだけで送られてくるので手間いらずです。

端株優待で多いのは、カレンダー（たとえば、**富士通（6702）**の「世界の車窓カレンダー」など）や自社商品の割引販売、自社施設の優待券などですが、たまにびっくりするほど気前のいい端株優待もあります。

実例 上新電機（8173）の利回りは170％！

驚異の利回りとなる端株の代表が、**上新電機（8173）**です。上新電機は3月と9月に株主優待があり、3月は100株以上が対象ですが、9月は全株主が対象です。そして、1株しか持っていなくても、200円分の買物優待券を25枚、つまり5000円分の買物優待券がもらえるのです。税込2000円の購入ごとに1枚が使えるという割引券タイプではありますが、上新電機の株価は18年10月現在2800円程度なので、**利回り計算すると170％以上**です。また、近くに店がなくてもヤフオク出品でも値が付くので安心です。落札価格は2500～3000円くらいで、落札価格で利回りを計算しても90％近いという驚異の優待利回りになります。

心配なのは、この端株優待が継続するのかということ。17年に今の優待制度に変更されましたが、あまりにお得で知れ渡ってきていますので1株株主が増え過ぎていることに気づいて、会社側が今後変更や廃止をする可能性もあります。

また、今は上場廃止になったスーパーのカスミが、10年ほど前まで1株で2キロのコシヒカリを年2回もらえるという、かなり太っ腹な端株優待を実施していました。当時の株価は460円程度で、コシヒカリの価格を安く見積もっても優待利回りは400％超。このときは、家族分の名義もフル活用して、カスミの端株優待だけで年間16キロのコシヒカリを獲得していました。

こうした端株優待を探す際も、カンニング投資の出番です。当然ながら企業の公式サイトを探し回ったりするより、「端株優待」でネット検索するのがいちばん早いです。最新の情報を発信している人、ちゃんと一覧表にしてくれている人が何人も見つかりますよ。

捨てちゃダメ！端株でも送られてくる「株主通信」にお宝が！

端株保有の場合、議決権はありません。ただ、中間報告や決算報告を兼ねた**「株主通信」については、たとえ1株しか保有していなくても株主なのでちゃんと送られてきます。**

3月と9月など決算期は重なることが多いので、最盛期には「株主通信」がポストからあふれそうになります。こうなると、封筒を開けるだけでも一苦労ですが、**小遣い稼ぎのためには面倒くさがらずにすべてきちんと開けるのが鉄則**です。

なぜなら、**株主通信の中には、回答すると抽選でクオカードや図書カードがもらえるアンケートが入っている**ことがあるからです。過去には、1株保有でも500円分のクオカードが入っていてもらえたということもありました。

こういう話をすると、「大した金額じゃないのに……」とか言う人がいますが、ノーリ

図 単元未満株を取引できる主な証券会社の取引手数料の例

（税別）

取引した端株の金額	1000円	2000円	3000円	5000円	1万円
マネックス証券（ワン株）	48円	48円	48円	48円	50円
SBI証券（S株）	50円	50円	50円	50円	50円
カブドットコム証券（プチ株）	48円	48円	48円	48円	50円
岡三オンライン証券	200円	200円	200円	200円	200円

（カッコは商品名がある場合記載）
※2018年10月現在

スクで得られるお金ですからね。この章の冒頭でも話しましたが、私からすると、「500円硬貨が目の前に落ちているのに、なぜ拾わないの?」という感覚です。

私の場合、端株を買いまくったこともあって保有銘柄数も多かったので、アンケートにコツコツ答えるだけで年間数千円の小遣いです。

端株を買える証券会社は手数料の安さで選ぼう

さて、単元未満株を買える証券会社は限られています。主な個人向けネット証券を挙げると、SBI証券（S株）、カブドットコム証券（プチ株）、マネックス証券（ワン株）などです。カッコ内は、いずれも各社の単元未満株の愛称で、中身は変わりありません。各社とも、単元株とは違って指値注文はなく、成行注文にのみ対応しています。

この中では、**私の現在のおすすめはマネックス証券**です。理由は、今のところ、単元未満取引の手数料が最も安いからです。具体的には、約定金額×0・5％で、最低手数料は48円です。たとえば、株価1000円の銘柄を1株だけ購入する場合、マネックス証券では手数料48円＋消費税（＝52円）が必要です。手数料の絶対額は高くありませんが、1株に対してと考えると通常の株取引より高めです。だからこそ、手数料が料率も最低金額もできるだけ安いところを選ぶことが大切だと思います。

抽選でもらえる株主アンケートの謝礼は、一般的な懸賞よりも当選確率が格段に高い！

「株主通信」に一緒に入ってくる株主アンケートについて、その魅力と答える際のポイントをもう少し説明します。株主アンケートの魅力は、抽選の場合、謝礼や粗品がもらえる確率が高いことです。なぜかというと、もともと株主だけが対象で数が限られていて、しかも「面倒だから」と回答しない人も多いからでしょう。

実際、私はかなりの高確率で当たっています。たとえば、**ダスキン（4665）**の株主通信には、簡単なクイズに答えて応募するアンケートハガキが入っています。クイズは、小学生でも答えられるようなレベルの間違い探しなどですが、それに答えて応募したら、以前アイスコーヒーを20本くらい送ってきたことがありました。やっぱり、わざわざハガキに書いて出す人はそんなにいないんじゃないでしょうか。もったいないですね。

ところで、私はすべての株主アンケートに回答するわけではありません。回答するかどうかの判断ポイントは、**回答ハガキに住所と名前などを書く欄があるか、株主番号が入っているか、もしくは怪しげなバーコードが載っているかです。**怪しげなバーコードには、個人を特定できるデータが入っていると推測します。

誰がアンケートに答えたか、企業側がわからなければ、謝礼や粗品が送られてくることはないからです。

あと、少しでも当選確率を上げるためにやっていることがあります。少年時代に『少年ジャンプ』の懸賞に応募していたときから続けていることですが、「ご意見」欄に必ず何かを書くということ。「家族で一度本社見学したいです」「株主通信を楽しみに読んでいます」など、なんでも構いません。一言でいいので、絶対何かは書きます。会社の人が見たときに「おっ」と思うようなことが書けるとベストです。そうするとけっこう当たる気がするんですね。都市伝説と笑われるかもしれませんが、これは信じて続けています。

議決権行使で謝礼がもらえたり非公式だけど優待がもらえたり、見逃せない「裏優待」！

公式な株主優待以外にも、銘柄によっては「裏優待」あるいは「隠れ優待」と言われるものが存在します。

その一つが、議決権を行使するだけでもらえるクオカードなどの謝礼です。ノーリスクの小遣い稼ぎワザとして見逃せません。

実例 コメダホールディングス（3543）は裏優待で利回りアップ

最近導入された銘柄では、コメダ珈琲店で知られる**コメダホールディングス（3543）**があります。郵送か株主総会に出席して議決権を行使すると、専用電子マネーのKOMECAが500円分もらえました。実は半信半疑だったのですが（笑）、後日しっかりチャージを確認しました。コメダホールディングスの場合、株主優待利回りは0・93％ですが（株価2150円で計算）、議決権行使の裏優待を加味すると利回りは1・16％までアップします。この差は小さくありません。

郵送やネットなどの議決権行使で謝礼がもらえる企業は、私が知っているだけで30～40社以上あり、謝礼の相場は500円程度。クオカードがもらえることが多いですね。

こういうこともあるので、やはり議決権はきっちり行使しないともったいないと思います。銘柄数が多いと重なったときには多少面倒ですが、でも一社につき数分もあれば賛否は決められますし、平日の総会出席が難しい会社員にとっては郵送やネットで議決権行使ができるのはそもそもありがたいですよね。

図 議決権を行使するだけで500円！

議決権行使のお願い

目　的	広く株主の皆様のご意見を当社株主総会に反映させていただくことを目的に、議案の賛否に関わらず議決権を有効に行使いただいた方に謝礼として、株主優待**KOMECA**に500円分のチャージをさせていただきます。
チャージ日	2018年7月1日
有効期限	2019年5月末日
KOMECA	 継続株主様のKOMECA  新規株主様のKOMECA

議決権行使の方法

議案の詳細は、「第4回定時株主総会招集ご通知」をご参照ください。

ご郵送	招集ご通知に同封しております議決権行使書を2018年5月28日（月曜日）午後4時45分必着にてご郵送ください。郵便事情により到着までにお時間を要する場合がございますので、お早めにご投函ください。
総会ご出席	第4回定時株主総会（2018年5月29日）に、招集ご通知に同封しております議決権行使書をご持参のうえ、会場受付にご提出ください。 ※ご本人様名義以外の議決権の行使には、委任状が必要となりますのでご注意ください。

コメダホールディングスのホームページより

正式発表はないが、実は毎年「明太子」の隠れ優待がもらえる銘柄がある!?

これは、お得な小遣い稼ぎというよりは「知っている人だけ知っている」お得な情報というのが正しいかもしれません。正式に「株主優待をやっています」という情報を出しているわけではないけれど、実質的な優待品＝「裏優待」「隠れ優待」を株主に送っている銘柄が複数あるんです。たとえば、毎年年末に辛子明太子の詰め合わせが送られてくる**ニチリョク（7578）**などがよく知られていました。ただし、残念ながら、業績の悪化で現在は取りやめています。業績回復と明太子の復活を期待しましょう！

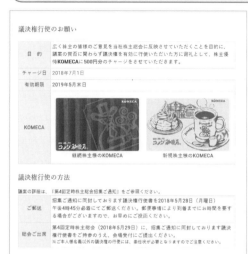

優待関連こそ自分で調べるよりカンニング！

●優待関連のおすすめブログ

FP社労士と株主優待	http://yacht123.blog105.fc2.com/
端株優待 隠れ優待でささやかな喜び	http://hakabuhappy.blog.jp/
かんちの 優待株バリュー株日誌	https://blogs.yahoo.co.jp/kouzi200804

正式にリリースされた株主優待ではないので、企業によっては実施しない年があったり、いつのまにか「廃止」されたりというリスクはありますが、株主優待利回りに換算したらかなりの数字になる銘柄もあるので、ノーリスクで小遣い稼ぎを目指すなら注目する価値は十分にあるでしょう。

「裏優待」は、企業の公式サイトには掲載されていないのが一般的です。でも、議決権行使も含めた「裏優待」「隠れ優待」が好きな人はいっぱいいます。これも何人もの優待マニアが必死に調べて、まとめてくれていますので、自分で調べなくても検索すれば「隠れ優待一覧」といったまとめページがすぐに見つかります。ちなみに私がよくカンニング先にしているブログは上の表の3つです。

優待関連はカンニング投資の効率の良さとありがたみを最も実感できる分野です。

[著者]

JACK（ジャック）

現役サラリーマンながら株式投資で約２億円を稼ぐ。投資歴は30年。主な著書に『元手50万円から始める! 月5万円をコツコツ稼ぐらくらく株式投資術』（ダイヤモンド社）、「百人百色の投資法　投資家100人が教えてくれたトレードアイデア集VOL1～5』（パンローリング社）、『1万円を1年で100万円に! はじめての人の「株式」投資生活』（ぱる出版）など多数。日本証券新聞にて月１コラム連載中。

JACKメインHP（http://ipo-jack.com/）

株ブログ（http://www.jack2015.com/）

ツイッター（@jackjack2010）

これはずるい！

株カンニング投資術

――株で２億円儲けたカリスマサラリーマンの裏ワザ

2018年12月12日　第１刷発行

著　者――JACK

発行所――ダイヤモンド社

〒150-8409　東京都渋谷区神宮前6-12-17

http://www.diamond.co.jp/

電話／03･5778･7232（編集）　03･5778･7240（販売）

装丁――――金井久幸（TwoThree）

イラスト――福島モンタ

本文デザイン・DTP－大谷昌稔

製作進行――ダイヤモンド・グラフィック社

印刷――――信毎書籍印刷（本文）・慶昌堂印刷（カバー）

製本――――本間製本

編集協力――肥後紀子

編集担当――鈴木 豪

ISBN 978-4-478-10511-5